Ulmer Taschenbuch 45

Egon Binder

Räuchern

Fleisch, Wurst, Fisch

2. Auflage
67 Farbfotos
15 Zeichnungen

E.U.
VERLAG
EUGEN
ULMER

Titelbild: Ein handliches Elektrogerät der Firma Hosto zum Räuchern von kleineren Mengen an Fischen und Fleisch.

Seite 2: Eine Anschaffung für Lebenszeit, wenn nicht gleich für mehrere Generationen, ist ein Räucherhäuschen im eigenen Garten oder am Fischteich. In Ziegelbauweise oder weiß gekalkt, kann eine solche Räucherei durchaus auch eine Zierde sein.

Die Deutsche Bibliothek – CIP-Einheitsaufnahme

Binder, Egon:
Räuchern : Fleisch, Wurst, Fisch / Egon Binder. –
2. Aufl. – Stuttgart : Ulmer, 1993
(Ulmer-Taschenbuch; 45)
ISBN 3-8001-6833-2
NE: GT

Wollgrasweg 41, 70599 Stuttgart (Hohenheim)
Printed in Germany
Lektorat: Ingeborg Ulmer
Herstellung: Martina Binder, Otmar Schwerdt
Umschlag mit einem Foto der Firma Hosto Eberhard Stolz GmbH
Satz: Setzerei Lihs, Ludwigsburg
Repro: Herzog, Stuttgart-Stammheim
Druck und Bindung: Georg Appl, Wemding

Vorwort

Wer auf Küche und Keller etwas hält, kommt kaum vorbei an diesem nahrhaften Hobby: dem Räuchern. Irgendwann hat es auch hiermit einmal angefangen, doch das liegt weit zurück, so daß man vergeblich in den klugen Lexika nach dem Erfinder des Räucherns suchen wird. Schon die Urväter verstanden es, Fleisch und Fisch im Rauch haltbar zu machen. Und das soll immerhin schon vor 90000 Jahren gewesen sein.

Noch heute ist das Räuchern ein traditionsreiches Verfahren zum Haltbarmachen von Fleisch und Fisch, das dem Räuchergut zudem einen besonderen Geschmack verleiht. Aber es ist heute auch zu einem beliebten Hobby geworden. Dabei steht die konservierende Wirkung inzwischen weniger im Vordergrund als die besondere Schmackhaftigkeit der Räucherwaren. Eine Hühner- oder Gänsebrust, ein Stück vom Lamm, ein eben geangelter Fisch werden zur besonderen Delikatesse. Räuchern ist nicht schwierig und auch nicht gesundheitsschädlich, wenn es richtig gemacht wird.

Der Anfänger erhält hier Antwort auf alle wichtigen Fragen über Heiß- und Kalträuchern, über die Einrichtungen von der einfachen Räuchertonne bis zum perfektionierten Räucherschrank und zur Räucherkammer, über die geeigneten Hölzer oder Räuchermehle und die Befeuerung, und schließlich über das Räuchergut: Rezepte für Fleisch, Würste und Fische, Pökeln und Würzen, Einhängen und Einlegen und schließlich das richtige Räuchern.

Das schöne wie genußreiche Hobby ist bestimmt bezahlbar, macht sich auf alle Fälle bezahlt. Wer sich die Mühe macht, scharf zu kalkulieren, der wird das Selbstgeräucherte bald nicht mehr missen wollen. Wer selbst angelt, wer selbst Hühner, Schafe oder Schweine hält, wird im Räuchern eine Bereicherung der Fleischverarbeitung finden. Und wer freut sich nicht, als Geschenk ein Stück vorzüglich, mit viel Liebe geräucherten Schinken oder eine geräucherte Forelle zu erhalten.

Aber Fleisch und Fisch zum Räuchern kann man auch einfach kaufen und zum Räuchern muß man, seit es die hochwertigen elektrischen oder gasbetriebenen Räucherschränke gibt, nicht einmal ein Stück Land sein eigen nennen, sondern selbst auf engstem Raum läßt es sich verwirklichen, wie im Kapitel über die Räuchergerätschaften zu sehen ist.

Räuchern, das ist eine Versuchung zu echten Spezialitäten, das den Versuch lohnt. Man kann klein beginnen mit weniger als hundert Mark, die man für ein einfaches Räuchergerät ausgeben muß, trennen wird man sich dann davon wohl kaum mehr.

Viel Spaß also beim Lesen dieses Buches, bei dessen Erarbeitung ich auch die große Erfahrungen meiner Freunde einarbeiten durfte, und viel Spaß und Erfolg natürlich dann beim Räuchern. Guten Appetit – und wohl bekomm's!

Grafenau, im Oktober 1990
Egon M. Binder

Inhaltsverzeichnis

Die Räucherkammer wird zur „Schatzkammer“, wenn darin der „Himmel“ voll des edlen Räuchergutes hängt.

Einführung

Funde archäologischer Grabungen belegen es: Räuchern ist – neben Trocknung und Salzung – das älteste Verfahren zur Haltbarmachung.

Mit anderen Worten gesagt: Seit die Menschheit zu feuern versteht, hat man sich auch die Konservierung von Fleisch und Fisch mittels Rauch zu Nutze gemacht.

Im Mittelalter, so eine Beschreibung von 1573 (Heresbachi), gehörte das Räuchern bereits fest zur Lebensgewohnheit: »Manche bewahren die Schinken und übrigen gesalzenen Fleischstücke auch nicht in Tonnen oder Fässern auf, sondern lagern sie auf einem Bretterboden bis zu zehn Tagen. Danach werden sie in einer Fleischkammer aufgehängt, damit sie dem reinen Luftstrom ausgesetzt sind. Wenn sie einige Tage in der Luft waren, werden sie zunächst mit leichtem Rauch und darauf mit stärkerem Rauch geräuchert. Das Fleisch wird wohlschmeckender, wenn es zugleich mit dem Rauch den Zustrom von Luft empfängt. Wird es von Anfang an mit allzu starkem Rauch behandelt, wird es stinkend«.

Goldgelb, wohlriechend und vom Heißräuchern noch dampfend, werden geräucherte Forellen am besten gleich vom Rauch weg an den Tisch gebracht.

Wenn auch das Räuchern heutzutage bei der häuslichen Vorratshaltung nicht mehr überall praktiziert wird, so heißt das nicht, daß das Räuchern nicht mehr so üblich sei oder Geräuchertes nicht mehr auf den Speiseplänen stände. Nein, das Gegenteil ist der Fall. Bei den Fleischprodukten werden in der Bundesrepublik Deutschland immerhin etwa 60 % durch den Rauch nicht nur haltbarer, sondern auch schmackhafter gemacht. Nur: die Hausräucherung hat sich hin zur gewerblichen Räucherung mit modernsten Technologien verlagert.

Ich habe diese Kunst bereits sehr früh kennenlernen dürfen. Mein Großvater hat sie mir gezeigt, dann später hat er mir seine speziellen Räuchergeheimnisse verraten, doch nur mir, denn er hütete sie wie ein echtes Geheimnis. In seinem Bauernhaus im Bayerischen Wald waren schon vor der Jahrhundertwende beim Bau die Grundvoraussetzungen für das Räuchern geschaffen worden. Der Kamin nämlich war ein sogenannter »Deutscher«, also groß genug ausgemauert, so daß sich darin sogar bequem ein Mann bewegen konnte. Im ersten Stockwerk des Hauses hatte der Großvater seine Räucherkammer, die er, vor allem wenn der Besuch des Schornsteinfegers bevorstand, hütete wie eine Schatzkammer.

Großvater kannte neben den drei kirchlichen, wie gleichermaßen köstlich-kulinarischen Hochfesten Weihnachten, Ostern und Pfingsten noch ein viertes Fest im Jahreslauf: das Schlachtfest. Und das war »zweigeteilt«, denn er schlachtete zweimal im Jahr seine Schweine, nämlich kurz vor Weihnachten den sogenannten »Weihnachter«, der Fleisch und Wurst für das Christfest bescherte, und dann zur Faschingszeit ein zweites Schwein, um so Rauchfleisch für die nächsten vier bis fünf Monate zu bekommen. Natürlich wurden von ihm auch Würste zum Erlangen längerer Haltbarkeit in den Kamin gehängt. Doch ganz gleich, was mein Großvater machte, es gelang ihm gut und die Achtung seiner Nachbarn war ihm gewiß.

Die Lust zum Fischräuchern bekam ich erst später, dann nämlich, als ich auf verschiedenen in- und ausländischen Speisekarten geräuchertes Forellenfilet und andere geräucherte Fischspezialitäten aus Meer und Fluß kennenlernen durfte. Und was feinen Restaurants gut genug war, sollte mir, der auf dem Lande lebt, auch zu Hause billig sein.

Doch zugegeben: das Fischräuchern fing ich, ohne mich zuvor so zu informieren, wie es eigentlich nötig gewesen wäre, recht dilettantisch an. Meiner Vorliebe für englische Feuerungen nachgebend, gönnte ich mir beim Bau meines Hauses auch einen großzügigen offenen Kamin. Dabei hatte ich bereits den Hintergedanken, diesen Kamin auch zum Räuchern, zum Heißräuchern natürlich, nützen zu können. Diese Methode hatte ich mir nach Max und Moritz bei Wilhelm Busch vorgestellt. Als der Kamin gut eingebrannt war, machte ich sogleich auch einen entsprechenden Versuch. Buchenholz war da, das Feuer brannte gut, der Rauchabzug funktionierte geradezu phantastisch. Ich besorgte mir ein paar fangfrische Forellen, legte diese nach einer Rezeptur ein und stieg mir selbst aufs Dach, um dort die Fische in den Rauch zu hängen. Das klappte bei ganz kleinen Portionsforellen auch vorzüglich, indem ich sie mit einer Schnur, die ich hinter den Kiemen zu einer kleinen Schlinge formte, befestigte.

Die Höhe des Rauchabzugs zwischen der Feuerstelle im Kamin und den am Kaminende eingehängten Fischen betrug etwa sechs Meter. Bei mäßigem Kaminfeuer aus Buchenholz wartete ich an die drei Stunden gespannt auf das Ergebnis. Mit unsicherem Gefühl stieg ich dann erneut aufs Dach, um die Fische aus dem Rauch zu holen: Zu meiner großen Überraschung war das Ergebnis großartig, die erwünschte goldgelbe

Farbe war erreicht und auch der rauchige Duft der Fische schlug mir angenehm entgegen. Sehen lassen konnte sich das erste Räucherergebnis auch beim Servieren. Die Gäste waren davon angetan und lobten meine etwas unorthodoxe Erfindung. Das mußte natürlich zur Wiederholung Ansporn sein.

Dem nächsten Besuch wollte ich etwas größere geräucherte Forellen vorsetzen. Ich suchte Exemplare von 500 bis 650 Gramm aus, um sie auf dieselbe Manier in den Rauch zu hängen; also wiederum eine Schlinge durch die Kiemen und von außen hinein in den Kamin. Erwartungsvoll stieg ich auch hier nach drei Stunden Räucherzeit wieder aufs Dach, um die Prachtforellen aus dem Rauch zu holen. Doch was mußte ich erleben: Als ich sie an dem über den Kaminrand gelegten Holz herausziehen wollte, fiel mir sofort auf, daß die Forellen unglaublich an Gewicht verloren haben mußten.

Doch die Enttäuschung war riesengroß, als an den Schnüren nicht etwa goldgelb geräucherte Fische hingen, sondern nur noch ihre Köpfe.

Was war geschehen? Das Gewicht der Fische war zu groß und so hatte sich beim Garen der Rumpf vom Kopf gelöst – und weg war die schöne Mahlzeit. Doch aus Erfahrung wird man bekanntlich klug.

Am Fuß einer kleinen Böschung ist diese Feuerungsstelle eingemauert. Von hier aus wird dann der Rauch in einem Ofenrohr unterirdisch zwei Meter weit zu einer Räuchertonne geleitet.

Im Rauch zur Delikatesse

Die Räucherziele

Räuchern hat im wesentlichen zwei Aufgaben zu erfüllen:

1. Die thermische Bearbeitung des Räuchergutes mit dem Ziel, den Feuchtigkeitszustand möglichst gleichmäßig zu verändern und dabei auch ein Garwerden des Produktes durch Temperatureinflüsse (Heißräucherung) und auf autolytisch-enzymatischem Wege (Kalträucherung) herbeizuführen.

2. Die rauchtechnische Bearbeitung von Fleisch, Fisch und Wurst mit dem Zweck, die Appetitlichkeit und Schmackhaftigkeit positiv zu beeinflussen.

Das Ziel der Konservierung ist in der modernen Fleischindustrie zweitrangig geworden, weil es zuverlässigere Methoden gibt. Die verlängerte Haltbarkeit des Räuchergutes durch die konservierende Wirkung des Rauches ist aber nach wie vor eine willkommene Eigenschaft.

Räucherofen aus dem Deutschen Fleischermuseum in Böblingen.

Räuchern, eine Wissenschaft für sich

Aus der Not heraus, Fleisch und Fisch vor dem raschen Verderb zu bewahren, haben sich Räuchermethoden entwikkelt, die nicht nur mikrobenhemmend sind, sondern auch der geschmacklichen Verfeinerung und dem Erhalt der Nährwerte dienen.

Bei dieser uralten Art der Haltbarmachung, die süddeutsch und alpenländisch auch Selchen genannt wird, wirken Gase und Dämpfe unvollständig verbrannter Pflanzenteile, vor allem von getrockneten Hölzern, auf Fleisch, Wurst und Fisch ein, machen sie delikater und auch farblich ansprechender. Fische werden im Rauch goldgelb, Fleisch wechselt seine Farbe äußerlich ins Hellbraune, Dunkelbraune wie Kohlschwarze beim Schwarzgeräucherten.

Geräuchert werden aber auch einige spezielle Käsesorten, ja sogar Eier, Whisky und Bier (fränkisches Rauchbier etwa).

Haltbarmachung ist zwar das ursprüngliche Ziel des Räucherns neben dem Pökeln, die Geschmacksverfeinerung aber ist die eigentliche Wissenschaft und die Krönung des sich durch Erfahrung ständig vermehrenden Wissens.

Überaus ausführlich beschäftigte sich bereits im Jahre 1741 »Zedlers großes Universal-Lexikon« mit dem Thema des Räucherns. In der Einleitung dazu heißt es:

»Räuchern, Selchen, heisset das grüne Fleisch, oder Fische durch untergemachten Rauch trocknen, damit es sich länger halte, und zum verspeisen tauglich bleibe. Alles Mittelfleisch, so nemlich weder allzu jung, noch allzu alt ist, tauget besser, und ist vorträglicher zum Räuchern, als das alte Fleisch, weil dieses, da es an sich selbst schon zähe ist, in der Dürre oder vom Rauche noch zäher wird.

Das Fleisch, welches man räuchern will, pflegt man nur in Wannen und Mulden zu saltzen, und darinnen liegen zu lassen, bis das Saltz zerschlichen ist: nach diesem wird das Fleisch noch etliche Tage mit Saltzwasser begossen, und wenn sich dieses wohl hinein gezogen, hernach in die Feuermauer, Camin, oder Rauchkammer aufgehängt. Die es noch besser machen wollen, zerstoßen Coriandersaamen, und Wacholderbeere gröblich unter einander, wenn sie nun das Fleisch einsaltzen, so streuen sie eine Lage oder Schicht von gedachten zerquetschten Sachen darauf: legen wieder Fleisch und Saltz, und von erst erwehntem Coriander, und Wacholderpulver wieder eine Handvoll darauf. In dieser Beitze wird das Fleisch eine Zeitlang liegen gelassen, und endlich in den Rauch gehängt.«

Aber auch ans Fischräuchern ist in »Zedlers Lexikon« gedacht. Dazu heißt es (Auszug):

»... man kan die Fische auch auf folgende Art räuchern; Nehmet ein sieben oder acht eimerigtes Faß, nur von schlechten Tauben, von weichem Holtz abgebunden; unten darff es keinen Boden haben, denn es muß den Rauch fangen, oben aber eine halbe Spanne vor dem Ende des Fasses, machet inwendig zwey Höltzer Creutzweis über einander, die durch vier Löcher im Fasse stecken, an diese hänget die Fische, die ihr räu-

Gleich einige Meter über der Feuerungsstelle ist die Räucherkammer an den Kaminzug angemauert. Durch eine einfache Hebelbewegung kann der Rauch in die Kammer umgeleitet werden. Die Kontrolle des Räuchergutes ist gut durchzuführen, weil man die aus Eisenblech bestehende Tür nur öffnen muß, um Aug' in Aug' mit dem aufgehängten Fleisch zu sein.

chern wolt, laßt auch vier einer starcken Spannen lange Höltzer, quer Finger breit übers Faß oben ausgehen, häfftet solche übers Creutze mit kleinen Nägeln im Faß an, darnach leget den obern Boden, der ein wenig kleiner, als sonst zugerichtet und gemacht seyn muß, ledig auf, und breitet über den Boden und einer Spannen lang über das Faß herunter ein grob leinen Tuch, welches den Rauch halte, daß er nicht ausgehe, und machet über das Tuch zween oder drey ledige Reife, daß sie das Tuch wohl hinan halten, vorhero aber laßt mit Ziegeln ein rundes Mäuerlein aufmauern, nach der Weite des Fasses, ohngefehr einer Spanne hoch, und eines halben Ziegels breit, aber fein gleich, damit das Faß recht darauf stehen kan; das Mäuerlein aber muß nicht um und um ganz seyn, sondern an einem Orte eine Oeffnung haben, daß man daselbst vermodertes und faules Holtz, Späne, Laub oder anders leget, aber keine helle Flamme giebet, damit das Faß nicht brennend werde, hinein schieben könne. Auf dieses Mäuerlein nun setzet das Faß mit dem Orte, wo kein Boden ist, und haltet mit dem Rauche so lange an, bis die Fische genug geräuchert sind.«

Räuchermethoden: Kalträuchern, Warmräuchern, Heißräuchern

Die Klimaunterschiede einzelner Länder und Landstriche haben die Räucherverfahren entscheidend geprägt, wobei die Luftfeuchtigkeit der Küstengebiete einerseits, und das kühle Klima der Alpenländer andererseits, ganz unterschiedliche Ergebnisse und damit regionale Spezialitäten entstehen ließ. Man unterscheidet zwischen Kalt-, Warm- und Heißräuchern. Das heißt, der Räuchervorgang kann bei unterschiedlichen Temperaturen erfolgen. Daraus ergeben sich auch unterschiedliche Räucherzeiten.

Kalträuchern

Kalträuchern erfolgt bei Temperaturen zwischen 12 und 24 °C. Eine der wichtigsten Voraussetzungen ist, daß das Räuchergut, bevorzugt Schinken, aber auch Würste in absolut trockenem Zustand in die Räucherkammer bzw. den Räucherofen gehängt wird und auch die Räuchermittel, also Holz oder Räuchermehl keine Feuchtigkeit enthalten. Sägemehl soll nicht locker verstreut, sondern eher in einem angepreßten Zustand unter das Räuchergut kommen, um so ein Aufflackern des Feuers und damit zu hohe Temperaturen zu vermeiden.

Denn beim Kalträuchern ist es wichtig, daß die Rauchtemperatur keinesfalls 15 bis 30 °C überschreitet und die Luftfeuchtigkeit in der Räucherkammer bei 75 bis 85 % liegt.

Bevorzugt wird diese Räucherart, wie schon gesagt, für Schinken, der dadurch nicht nur die begehrte goldgelbe Farbe bekommt, sondern den appetitanregenden leichten Rauchgeschmack. Ein weiterer Vorteil des Kalträucherns ist Kompaktheit des Räuchergutes. Es wird hier zur hohen Schnittfestigkeit getrocknet. Beim Kalträuchern wird das Verfahren des Glimmrauches (siehe Raucherzeugung, Seite 25) angewandt. Die erforderliche Räucherzeit beträgt mindestens

Steckerlfische: heiß geräuchert und heiß begehrt an Weidenruten oder Haselnußstecken aufgehängt, bereiten in freier Natur den idealen Räucherspaß ohne jegliche Gerätschaft.

mehrere Tage, dehnt sich aber bei Schinken bis zu sechs Wochen aus.

Das Räuchergut wird nach dem Pökeln in einem gut abgetrockneten Zustand in den Kamin bzw. Räucherschrank gehängt.

Zwischen den einzelnen Räucherphasen – das Feuer kann bei kalten Temperaturen zeitweise ausgehen – soll genügend Frischluft zugeführt werden. Kalträuchern in Bauernkaminen wird daher nur in den kühlen Herbst- und Wintermonaten vorgenommen. Räucherschränke, die vorwiegend zum Kalträuchern Verwendung finden, sollen in kühlen, jedoch keinesfalls stickigen

oder dämmenden Räumen aufgestellt werden.

Das Warmräuchern

Warmräuchern erfolgt bei Temperaturen von 30 bis 50 °C über 2 bis 24 Stunden je nach Räuchergut. Wer auf aromatisch geräucherte Kasseler und Kochrauchschinken abzielt, sollte die Methode des Warmräucherns bevorzugen. Der Rauch wird mit Hartholz erzeugt und darüber werden Buchenholzspäne gestreut. Durch leichtes Anfeuchten der Sägespäne entsteht in der Räucherkammer bzw. im Räucherofen eine Luftfeuchtigkeit von über 80 %.

Warmräuchern ist für Spezialitäten gedacht, deren Verzehr innerhalb kurzer Zeit, höchstens von zwei bis drei Wochen, vorgesehen ist. Geräuchert werden auf diese Weise große Brühwürste und Schinken. Geräuchert wird mit Hilfe von Glimmrauch, intensiv, also ohne Verlöschen des Glimmbrandes.

Das Heißräuchern

Noch kürzer bemessen ist die Räucherzeit und dementsprechend auch die Haltbarkeit beim Heißräuchern. Rohe wie gekochte Kasseler und der Kochschinken kommen dafür nur in Frage. Für Rohschinken ist diese Räuchermethode abträglich und würde sprichwörtlich »ins Verderben« führen. Zur Raucherzeugung kann Hartholz (bevorzugt Buche) aber auch Weichholz (Birke) verbrannt werden; von stark harzenden Hölzern ist abzuraten. Nach dem Pökeln soll das Fleisch mit einem sauberen Tuch gut abgerieben und vielleicht ein paar Stunden in einem luftigen Raum abgehangen werden.

Die Räucherzeit bei Temperaturen von 50 bis 90 °C ist auf eine Zeit von 30 Minuten bis höchstens zwei Stunden beschränkt, um die Zartheit des Fleisches nicht zu gefährden. Will man größere Schinken heißräuchern, müssen diese vorher gut gekocht sein, dürfen also keinen rohen »Kern« mehr enthalten. Bei heißgeräuchertem Kochschinken und Kasseler empfiehlt es sich, diese noch am selben Tage zu verzehren oder sie nach dem Räuchern an kühlem Ort zu lagern, aber auch bald zu essen.

Nicht umfunktioniert werden sollte ein zum Kalträuchern gebauter bzw. erworbener Schrank oder eine Räucherkammer für diese Räucherart. Ein Heißräucherschrank muß absolut feuersicher sein, da hier nicht nur mit glimmendem Feuerungsgut, sondern mit untersetzter Flamme (Spiritusflamme, Buchenholzbrand und dergleichen) geräuchert wird.

Das Feuchträuchern

Beim Hobbyräuchern wird es zwar selten angewandt, aber dennoch soll das Feuchträuchern nicht unerwähnt bleiben. Die Temperaturen sollen hierbei zwischen 25 und 30 °C liegen. In der Räucherkammer wird dabei mittels eines aufgestellten Wasserbehälters nicht nur Rauch, sondern zugleich auch Dampf erzeugt. Damit wird die Luftfeuchtigkeit auf etwa 90 % erhöht. Feuchträuchern wird vor allem bei Rohwürsten angewendet, die durch die hohe Luftfeuchtigkeit gleichmäßig reifen, ohne äußerlich zu früh auszutrocknen.

Die »Wahl-Verwandtschaft«: das Lufttrocknen

Im Geschmack eine der herrlichsten Spezialitäten ist das Luftgetrocknete. Was man aber dazu braucht, ist neben gutem Fleisch oder hervorragend zubereiteten Wurstwaren viel Geduld, sorgsame Überwachung der Temperaturen und nicht zuletzt Pflege des Räuchergutes. Natürlich steht das Lufttrocknen in engem Zusammenhang mit dem Kalträuchern. Zumeist ist dies die eine Voraussetzung für das Gelingen des andern. Doch was wohl am wichtigsten für das Gelingen ist, das ist die nach Regionen unterschiedliche Luftfeuchtigkeit. Die Gefahr des Schimmelns ist natürlich in luftfeuchteren Gebieten höher als in trockenen. Man erzählt sich in Feinschmeckerkreisen geheimnisvolle Rezepte. Man denke zum Beispiel an den Parmaschinken, der in einer »Zugluft« von Meeres- und Landwinden reift. Die letzten Geheimnisse wissen wohl nur jene, die diese von ihren Altvordern ererbt haben. Nicht zu vergessen sind aber auch das Bündnerfleisch, die köstlichen Schinken aus norddeutschen Gebieten, die Landjäger und Kaminwurzen aus dem Tirolerischen wie aus dem Thüringer Land, um nur einige wenige Beispiele zu nennen.

Voraussetzung für das Lufttrocknen ist die Naßpökelung und, was den Schinken betrifft, das Einsuren (süddeutsch und österreichisch gesprochen) bzw. das Einlegen in eine entsprechende Lake. Diese Zeit erstreckt sich über drei bis vier Wochen. Das Wässern sollte dann ebenfalls gründlich, gut einen halben Tag, andauern. Schinken wie Wurst sind dann gut abzutrocknen und dort aufzuhängen, wo es an Frischluft nicht mangelt. Zur Starthilfe schalten manche eifrigen Räucherer den Heizlüfter auf eine mittlere Stufe ein, um so vor allem trockene Luft zu garantieren.

Die Räuchermittel

Lebensmittelgesetzlich ist das Räuchern und was die Verträglichkeit bzw. Vorbeugung gegen gesundheitliche Risiken betrifft, klar festgelegt. Das fängt bei der Begriffsbestimmung der zulässigen Rauchentwicklung an. Was für den gewerblichen Bereich zwingend vorgeschrieben ist, sollte auch für das Räucherhobby unbedingt befolgt werden.

Frisch entwickelter Rauch aus naturbelassenen Hölzern

Nach dem Gesetz ist der frisch entwickelte Rauch aus naturbelassenen Hölzern und Zweigen, Heidekraut und Nadelholzsamenständen, auch unter Mitverwendung von Gewürzen zum Räuchern von Lebensmitteln allgemein zugelassen. Ausgenommen ist das Räuchern von Wasser, wäßrigen Lösungen und anderen Flüssigkeiten als Zusatzstoff.

Der Begriff »aus naturbelassenen Hölzern« schließt alle künstlichen Räuchermittel aus, so zum Beispiel Rauchkondensate (flüssiger Rauch), Räucheressenzen (auch zum Besprengen des Sägemehls), essenzenähnliche Stoffe, Würzrauch (in irreführender Weise oft als »Schnellräucherung« bezeichnet), sowie Räucherfarben (hergestellt durch

Auch Erlenholz, einen Sommer lang zum Trocknen im Freien aufgeschichtet, ist ein ausgezeichnetes Räucherholz für Fleisch, Fisch und Wurst.

Räuchern von Wasser, wäßrigen Lösungen, Speiseölen).

Verboten beim gewerblichen Betrieb ist nach Bundesdeutschem Lebensmittelrecht (mit dem in der Schweiz und Österreich aber vergleichbar) daher die Behandlung (beispielsweise von Sardinen) mit geräuchertem Öl oder mit Holzessig, der eine natürliche Räucherung vortäuschen kann, ohne daß die durch die natürliche Räucherung bewirkte Haltbarkeit erreicht wird, sowie die Verwendung von Harzen, Pech und Torfrauch. Ferner ist die Verwendung von mit Teer behandeltem Holz (z. B. von Bootsresten oder von Holzpfählen) sowie von imprägnierten Hölzern, wie Bauholzabfällen, Weidepfählen und Eisenbahnschwellen verboten.

Der Begriff »naturbelassen« bezieht sich auch auf Zweige, Heidekraut und Nadelholzsamenstände (Tannen- und Fichtenzapfen). Mit der Zulassung des frisch entwickelten Rauches sind gleichzeitig die mit dem Rauch in die Lebensmittel übertretenden Zusatzstoffe (z. B. Ameisensäure, Formaldehyd) zugelassen; Höchstmengen sind nicht festgesetzt, der Zusatz der Stoffe kann mengenmäßig nicht begrenzt werden. Unerwünschte

Räuchermehl, zumeist aus Hartholzspänen hergestellt, sollte stets – selbst wenn es in Plastiksäcken eingefüllt ist – in trokkenen, keinesfalls aber stickigen Räumen gelagert werden, damit es keinen modrigen Geschmack annimmt, denn das könnte den Räuchererfolg zunichte machen.

Rauchteile, die gesundheitliche Bedenken hervorrufen können, entstehen dann, wenn in der Schwelzone des verbrennenden Sägemehls die Raucherzeugungstemperatur 400 °C übersteigt.

Zu Hartholz und Wacholder geraten wurde bereits auch anno 1741 in »Zedlers großem Universal-Lexikon«: »Zum Räuchern des Fleisches ist das Wacholder- und nächst diesem das Tannenreisig am besten, in Ermangelung deren thut aber das eichen Holtz, auch das Eichenlaub, Dienste«.

Mit welchem Holz und welchen Spänen gelingt es am besten?

Das Lebensmittelgesetz sagt, wie bereits zitiert, exakt, daß nur frisch entwickelter Rauch aus naturbelassenen Hölzern – bestehend aus 50 % Cellulose und je 25 % Hemicellulose und Lignin –, Zweigen, Heidekraut und Nadelholzsamenständen zum Räuchern geeignet und – für den gewerblichen Bereich – zugelassen sind. Hierunter versteht man in erster Linie Holz und Späne von Eiche,

Weißbuche, Erle und Birke. In südländischen Gefilden gelten unter anderem auch Mahagoni- und Zedernholz als zum Räuchern empfehlenswert.

Räuchermehl (handelsübliches Sägemehl) wird oft – unter Beigabe von Kräutern – als Mischung aus mehreren Hölzern produziert. Die Aufbewahrung von Räuchermehl soll keinesfalls in stickigen, sondern in luftdurchfluteten Räumen geschehen.

Doch nicht überall stand und steht das ideale Räucherholz zur Verfügung. Auf Rauchfleisch und geräucherten Fisch wurde aber dennoch nicht verzichtet. In Kauf nahm und nimmt man dann auch heute noch in nadelwaldreichen Mittelgebirgsgegenden und sandbödigen Landstrichen die Raucherzeugung unter Beimischung von Weichholzbrand. Bei der Verwendung von Weichholz muß ein stärkeres Rußen einkalkuliert werden. Der Geschmack kann dann durch starken Terpentingeruch übertönt werden.

Doch so wie manche Weinliebhaber auf geharzten Wein schwören, so sind die Liebhaber von herzhaft Geselchtem gerade erpicht auf das Schwarzgeräucherte (in Bayern zum Beispiel) aus dem Rauch eines Feuers, das von Tannen und Fichten, Kiefern und Erlen (letzteres Holz auch bei Fischern beliebt) genährt wird. Das schließt Wurzelholz dieser Baumarten, trockener Zustand vorausgesetzt, mit ein. Doch harzendes Holz kann nicht unbedenklich empfohlen werden (siehe Seite 20 bis 22). Abzuraten ist auch vom Feuern von Nadelholzzapfen.

Ein anderes Räuchermittel darf nicht unerwähnt bleiben; in moorreichen Gegenden des In- und Auslandes – wer einmal in Irland war, wird von der »grünen Insel« die besten Erfahrungen mitgebracht haben – greift man zum Torffeuer, das jedoch bei uns verboten ist. Torf und Heidemoos ergeben in Form von Katenrauch Räucherspezialitäten mit einem unverkennbaren Geschmack.

Das Wacholdergeräucherte ist im Alpenländischen wie auch in norddeutschen Tiefebenen nach wie vor eine Besonderheit. Unverkennbar ist es vor allem deshalb, weil Wacholderbeeren nicht nur beim »Einbalsamieren« des Schinkens Verwendung finden, sondern weil man hier auch Wacholderreisig in die Glut gibt.

Räuchern ist Vertrauenssache, ganz gleich, ob bei Fisch, Fleisch oder Wurst. Schon ein unbedacht in das Feuer geworfenes Stück Holz, das gebeizt oder lackiert ist, ein Stück Hart- oder Spanplatte, nicht zu reden von Kunststoff, Gummi und dergleichen, kann nicht nur den Geschmack ein für allemal verderben, sondern schließt gesundheitliche Schäden nicht aus. Das »Nachlegen« von Brennmaterial sollte man deshalb entweder selbst vornehmen oder nur gewissenhaften Personen überlassen.

Entstehung und Zusammensetzung von Räucherrauch

Räucherrauch entsteht in zwei Phasen. Durch die Verbrennung (Pyrolyse) werden die Holzbestandteile, Zellulose, Hemizellulose und Lignin, thermisch abgebaut und durch Oxidation unter Luftzufuhr zu anderen Stoffen umgebaut.

Ein Räucherschrank für große Kapazitäten ist stets aus hochwertigem Stahl hergestellt und mit elektronischer Überwachung des Räuchervorgangs ausgestattet, was eine gleichbleibende Qualität garantiert.

Aus Zellulose entsteht bei der Pyrolyse Glukose. Daraus entstehen in der Folge Essigsäure und Furane. Hemizellulose wird in Furanderivate und alephatische Carbonsäuren abgebaut, und aus Lignin entstehen vor allem Phenole. Bei der Pyrolyse von Holz entstehen außerdem Teerstoffe.

Je nach Temperatur, Luftmenge und Holzart können unterschiedliche Stoffe in unterschiedlichen Mengen entstehen. Bei zu hohen Temperaturen (über 400 °C) entstehen polycyclische Kohlenwasserstoffe, die als krebserregend gelten.

Die aus dem glimmenden Holz entstehenden Abbauprodukte werden als Rauch erkennbar. Rauch besteht aus zwei Gruppen von Stoffen: aus gasförmigen und festen bzw. flüssigen. Die flüchtigen, gasförmigen und nicht sichtbaren Stoffe bestehen aus Phenolen, organischen Säuren und Carbonylen. Was im Rauch sichtbar ist, sind nichtflüchtige, feste oder flüssige Partikel von Teer, Harzen, Asche und Ruß.

Die Zusammensetzung und das Verhältnis der gasförmigen und partikulären Stoffe ist abhängig von der Luftzufuhr, dem Wasserdampfgehalt der Luft, der Glimmtemperatur und der Temperatur in der Rauchkammer. Im Kaltrauch ist der Anteil der partikulären Stoffe höher als im Heißrauch.

Raucherzeugung

Es gibt verschiedene Verfahren zur Raucherzeugnung. Dabei entstehen, wie aus dem vorab bereits gesagten verständlich, unterschiedliche Rauchqualitäten. Für die Hobbyräucherei wird fast ausschließlich Glimmrauch erzeugt.

Glimmrauch

Sägespäne werden mit Hilfe von Feuer, Heizdraht oder Gasflamme unter gedrosselter Luftzufuhr verglüht.

Friktionsrauch

Holzstücke werden mit konstantem Druck gegen einen sich schnell drehenden Rotor gepreßt. Dabei entsteht eine Flamme und nur wenige Teerstoffe werden gebildet. Friktionsrauch findet nur Anwendung im gewerblichen Bereich.

Dampfrauch

Er entsteht, indem während der Pyrolyse ein auf 300 °C erhitztes Dampf-Luft-Gemisch auf Holzspäne »gedüst« wird.

Fluidisationsrauch

Hierbei bewirkt ein Reaktor mit einem Temperaturvolumen von 300 bis 400 °C die Pyrolyse von Sägespänen.

Schwelrauch

Sägespäne werden unter hohem Druck und bei geringer Luftzufuhr mittels elektrischer Direktbeheizung auf 300 bis 400 °C zum Glimmen gebracht.

Katenrauch

Katenrauch entsteht bei der Verbrennung von Torf und Heidemoos. Dadurch entsteht ein rußiger Belag des Räucher-

Fischräucherschränke werden von mehreren Firmen in vielerlei Größen angeboten und sind natürlich variabel für Fleisch, Fisch und Wursträuchern geeignet.

gutes, vor allem aber ein überaus starker Rauchgeschmack. Doch weil damit die Gefahr des Vorkommens von polycyclischen aromatischen Kohlenwasserstoffen heraufbeschworen wird, ist diese Art der Räucherung im gewerblichen Bereich verboten, also auch dem Hobbyräucherer deshalb nicht zu empfehlen.

Was der Rauch bewirkt

Der Glimmrauch, der durch langsam abbrennende, verglimmende Hölzer erzeugt wird, entsteht während der thermischen Pyrolyse des Holzes (pyrolytischer Abbau des Holzes) und der Sekundarreaktion der Pyrolyseprodukte. Beim

gleichmäßigen Ansteigen durch äußere Erwärmung steigt und sinkt die Innentemperatur des Holzes wellenförmig. Während dieser Phase entstehen verschiedene Gase und Flüssigkeiten (Rauch); als Rückstand bleibt Holzkohle. Als flüchtige organische Verbindung werden etwa 20 bis 25 % der Holzsubstanz freigesetzt. Je nach Wassergehalt wird etwa die Hälfte des Holzes zu Rauchgasen entwickelt. Die ideale Glimmtemperatur schwankt zwischen 200 und 600 °C.

Durch den Vorgang des Räucherns erfährt das Räuchergut einige Veränderungen, die seine spezifischen Qualitäten ausmachen.

Das Raucharoma

Der besondere Geschmack ist beim Hobbyräuchern das wichtigste Ziel. Der Rauchgeschmack entsteht aus einer Kombination von Raucharoma aus den Rauchbestandteilen und Bestandteilen des Räuchergutes. Daran sind vor allem Phenole beteiligt, sowie Proteine im Räuchergut, die mit Carbonsäuren des Rauches reagieren.

Die Räucherfarbe

Beim Räuchern verändert sich die Farbe des Räuchergutes. Die, je nach Art des Räuchergutes, typische Farbe ist unterschiedlich gelb bis goldgelb oder goldbraun bei Fischen, rötlich braun bis schwarz bei Schinken. Die Farbveränderung ist auf farbgebende Stoffe im Rauch und auf chemische Reaktionen des Rauches mit dem Räuchergut zurückzuführen.

Schwarze Räucherfarbe ist auf harzreiche Hölzer zurückzuführen. Wegen der möglicherweise hohen Gehalte an polycyclischen aromatischen Kohlenwasserstoffe ist vom Schwarzräuchern abzuraten (siehe Seite 23). Dennoch wird in Altbayern gerade an dieser Methode seit Generationen festgehalten. Nur: vor dem Verzehr erfährt das Räuchergut eine Säuberung von Rußrückständen.

Die Haltbarkeit

Die im Rauch enthaltenen Phenole, Säuren, Formaldehyd und Kreosot haben eine keimhemmende Wirkung auf das Räuchergut. Die konservierende Wirkung ist am stärksten an der Oberfläche. Beim Garen bzw. Erhitzen der Räucherware koaguliert das Eiweiß, das heißt, es flockt aus. Damit wird das Eindringen der Rauchstoffe ins Innere verhindert. Dies ist einer der Gründe, warum Kochschinken, beispielsweise, weniger haltbar ist, als roh geräucherter.

Einige Rauchbestandteile verhindern oder hemmen die Fettoxidation der Räucherware, also das Ranzigwerden, und zwar vornehmlich beim Kalträuchern, was ebenfalls zur Verlängerung der Schmackhaftigkeit beiträgt.

Rauch wirkt auch härtend

Eine härtende und gerbende Wirkung des Rauches ist auf Formaldehyd und höhere Aldehyde zurückzuführen. Eiweiß wird dadurch unter gleichzeitiger Abspaltung von Wasser vernetzt. Diese Vorgänge spielen vor allem beim Räuchern von Würsten in Naturdärmen eine wichtige Rolle.

Schwarzgeräuchertes, nicht nur aus Niederbayern, Roggenbrot und ein Klarer sind ein guter »Zusammenstand« für eine kräftige Brotzeit für die ganze Familie und für gute Freunde.

Wie gesund ist Geräuchertes?

Es wurde bereits viel darüber geschrieben und geredet, vieles dabei falsch interpretiert. Ängste werden geschürt: Rauchfleisch soll gesundheitsschädlich sein. Der Rauch wird bekanntermaßen durch das unvollständige Verbrennen oder Verschmelzen von Holz oder Pflanzenteilen erzeugt. Doch hierbei kommt es auf das »wie« an. Wird nämlich mit zu hohen Temperaturen gearbeitet oder mit ungeeigneten Räuchermitteln, nehmen im Rauch die polycyclischen aromatischen Kohlenwasserstoffe zu. Eine zu hohe Dosis dieser Stoffe wird für krebserregend gehalten. Doch zum Räuchern ist eine gewisse »Portion« an Phenolen zur Geschmacksanreicherung, zum Konservieren und nicht zuletzt für die Färbung notwendig, was andererseits eben eine entsprechende Verbrennungstemperatur bedingt. Faustregel sollte sein, daß die Verbrennungs- bzw. Verglimmungstemperatur 500 bis 600 °C keinesfalls übersteigen sollte.

Im Lehrbuch des schweizerischen Metzgerhandwerks wird empfohlen: »Damit diese Verglimmungstemperatur ungefähr eingehalten werden kann, soll das Räuchermaterial angefeuchtet und die Sauerstoffzufuhr während des Räucherprozesses auf ein Minimum beschränkt werden.

Durch Holzauswahl, kontrollierte Steuerung der Glimmtemperaturen und andere Maßnahmen technischer Art läßt sich die Konzentration gesundheitlich bedenklicher Stoffe drastisch reduzieren. Als Leitsubstanz für polycyclische aromatische Kohlenwasserstoffe mit kanzerogenen Eigenschaften wird 3,4 Benzpyren herangezogen. Der durchschnittliche Gehalt eines geräucherten Fleisch- oder Käseerzeugnisses an 3,4 Benzpyren darf 1 Kilogramm (1ppb) nicht überschreiten.« In den »Wissenschaftlichen Arbeitspapieren« der Deutschen Forschungsgemeinschaft (Senatskommission zur Prüfung von Lebensmittelzusatz- und -inhaltsstoffen) steht dazu folgendes:

»In intensives Kreuzfeuer der Kritik geriet die Räucherung, nachdem sowohl im Rauch als auch in den geräucherten Lebensmitteln krebserregende Verbindungen gefunden wurden. Diese gehören der Gruppe der polycyclischen aromatischen Kohlenwasserstoffe (PAK) an.

Die systematischen Untersuchungen bewiesen, daß die Räucherung technologisch so führbar ist, daß keine höhere Kontamination an Benzo(a)pyren als 1 µg/kg (ppb) erfolgt. Das Benzo(a)pyren selbst dient nur als leicht nachweisbare Leitsubstanz zur Beurteilung der angewandten Räuchertechnologie. Die Gesamtmenge der kanzerogenen Polycyclen beträgt bei 1 µg/kg Benzo(a)pyrengehalt etwa 10 µg/kg. Auf Grund dieser Arbeiten wurde von dem Gesetzgeber 1973 im Rahmen der Fleisch-VO ein Höchstgehalt von 1 µg/kg (ppb) Benzo(a)pyren in allen geräucherten Fleischerzeugnissen vorgeschrieben. Diese Regelung hat sich bewährt und wurde auch von anderen Ländern übernommen oder als gesetzliche Grundlage vorgeschlagen.

Damit soll nicht ausgedrückt werden, daß die Einhaltung des 1 ppb-Grenzwertes problemlos ist. Etwa 20 Prozent der Fleischerzeugnisse weisen höhere Gehalte auf. Nur bei Einhaltung geeigneter technologischer Maßnahmen, die besonders den Raucherzeuger betreffen, kann eine erhöhte Kontamination mit krebserregenden Polycyclen vermieden werden. Dieselbe Regelung konnte auch für geräucherten Käse eingeführt werden, dagegen wurde bei der Räucherung von Fischen eine höhere Kontamination beobachtet. Als Ursache dafür wird die bevorzugte Anwendung von primitiven Räucheröfen in der Fischindustrie genannt.«

Verboten, weil gesundheitsgefährdend

Vom Gesetzgeber dem Gewerbetreibenden verboten, daher auch im privaten Bereich nicht zu empfehlen, sind Heizmaterialien wie Steinkohle, Torf, Acetylen. Unzulässig sind auch Räucherflüssigkeiten, Kondensate von Rauch oder geräucherte Flüssigkeiten, die zum Übertragen von Raucharoma auf Lebensmittel, insbesondere Fleischwaren dienen sollen, sowie Räucherpräparate, durch Kondensation von Rauch oder Räuchern von Flüssigkeiten, Salzen und Gewürzen entstandene Präparate zum Übertragen von Räucheraroma auf Lebensmittel.

In dem Kommentar von Professor Walter Zipfel zum Lebensmittelrecht heißt es zu weiteren Verboten unter anderem:

»Das Verbot des Zusatzes von Rauchbestandteilen über Nitritpökelsalz und Flüssigkeiten (Wasser, wäßrige Lösungen, Speiseöle und andere Flüssigkeiten sowie daraus hergestellte Produkte) erfolgte aus gesundheitlichen Bedenken einerseits hinsichtlich der Zufuhr nitrosierbarer Substanzen (Nitrosophenole) und andererseits im Blick auf derzeit nicht übersehbare Reaktionen von Rauchbestandteilen in Flüssigkeiten. Somit sind sowohl die Verwendung von Pökellaken mit eingeleitetem Rauch bzw. zugegebenen Räuchersalzen/-zukkern als auch die Verwendung von Räuchersalzen/-zuckern, die aus geräucherten Salz- oder Zuckerlösungen bzw. Gewürzextrakten (letztere wiederum aus geräucherten Gewürzen), hergestellt wurden sowie die Anwendung von Rauchkondensaten verboten. Zwar können auch Rauchkondensate so hergestellt werden, daß die für eine Aromatisierung, Konservierung und Farbgebung erwünschten Bestandteile des Räucherrauches in der erforderlichen Konzentration vorliegen, dagegen die nach derzeitigem Erkenntnisstand gesundheitlichen Bedenken nicht mehr vorhanden sind. Der Verordnungsgeber hat sich dennoch der Empfehlung der Expertengruppe »Aromastoffe« des Europarates angeschlossen, nach der Rauchkondensate nur dann zugelassen werden sollten, wenn zu jedem Einzelpräparat ausreichende Informationen über die Herstellung, qualitative Zusammensetzungen, Toxizität, Anwendungsmenge und Analysenmethoden vorgelegt werden.«

Doch was hier schon europaweit einer Ausnahmegenehmigung bedarf, sollte Anlaß sein, davon die Finger zu lassen.

Einflüsse auf die ernährungsphysiologische Wertigkeit

Erwünschte Effekte der Räucherung, wie Farb- und Aromabildung bzw. Ausbildung der sekundären Haut, beruhen mehr oder weniger auf Reaktionen der Rauchbestandteile mit Inhaltsstoffen der Lebensmittel. Sie können aber auch zur Verminderung der ernährungsphysiologischen Nährwerte führen, stellten Untersuchungen der Deutschen Forschungsgesellschaft fest.

Die auffälligste Veränderung des Substrates erfolgt durch Carbonyl-Protein-Reaktionen, also Farbbildung und Ausbildung der sekundären Haut. Von mit Formaldehyd behandeltem Kollagen ist bekannt, daß es im Magen unverdaulich ist, von den Enzymen des Darmtraktes dagegen angegriffen wird. Somit ist eine Minderung der kalorischen Wertigkeit geräucherter Lebensmittel nicht anzunehmen. Erwähnenswert ist aber, daß stark geräucherte Fleischwaren bereits im Mittelalter als schwer verdaulich galten. Dabei dürfte die während einer intensiven Räucherung stattfindende starke Abtrocknung eine wichtigere

Rolle als die Räucherung selbst spielen. Dagegen wird die biologische Wertigkeit des Fleisches während der Räucherung eindeutig herabgesetzt.

»Über den Einfluß des Räucherrauches auf die Vitamine des Fleisches scheint noch nichts bekannt zu sein. Hier wäre vor allem die Gruppe der B-Vitamine von Interesse, da bei unseren derzeitigen Verzehrsgewohnheiten das Fleisch zu den wichtigsten B-Vitamin-Quellen gehört«, heißt es in einer Beurteilung der Deutschen Forschungsgemeinschaft.

Vom Räucherofen bis zur Räucherkammer

Ein Räuchergerät – ganz gleich, ob es sich um einen einfachen Eigenbau oder um ein aufwendiges Gerät für größere Mengen von Räuchergut handelt – besteht grundsätzlich aus vier Teilen, die technisch mehr oder weniger ausgefeilt sein können.

1. Das Gehäuse, in dem das Räuchergut liegt oder hängt und von Rauch und aufsteigender Wärme umgeben wird.
2. Rost oder Stäbe und Haken, die das Räuchergut tragen, meist mit darunter angebrachter Fettauffangschale.
3. Der Behälter für das Räuchermehl oder die Räucherspäne.
4. Die Wärmequelle, die das Räuchermehl zum Schwelen bringt.

Wärme kann durch Spiritus durch Gas oder elektrisch erzeugt werden.

Wer nicht in der glücklichen Lage ist, sein Eigenheim oder seinen Bauernhof mit einer speziellen Räucherkammer ausstatten zu können, muß jedoch keinesfalls auf das nahrhafte Hobby und die Selbstversorgung durch das Räuchern verzichten. Räucheröfen gibt es als Kleingeräte zum Mitnehmen in Camping- oder Angelabteilungen von Sportgeschäften und in Haushaltswarengeschäften zu kaufen und, was die größeren Ansprüche betrifft, als Schränke zu ordern.

Kleinräuchergeräte für Garten, Camping und am Fischwasser

Geräte mit Spiritusbrenner

Diese Heißräuchergeräte sind feueremailliert, mit Grillrosten ausgestattet und mit einem hitzebeständigen Aluminiumdeckel ausgestattet. Der Sockel nimmt das Brennergestell mit Brennerschalen auf. Dazu mitgeliefert werden zwei Tropfbleche zum Abdecken der Mulden für das Räuchermehl. Die Brennerdosen werden mit Spiritus oder einer speziellen Feuerpaste gefüllt. Und dazu gibt es feines Räuchermehl.

Aus der Gebrauchsanweisung des »Super Smokers« (NDM): »Der Super-Smoker wird geöffnet, dann streut man einige Eßlöffel Pikant-Räuchermehl in die beiden Mulden des Räucherbehälters und deckt sie mit den beiden Tropf-

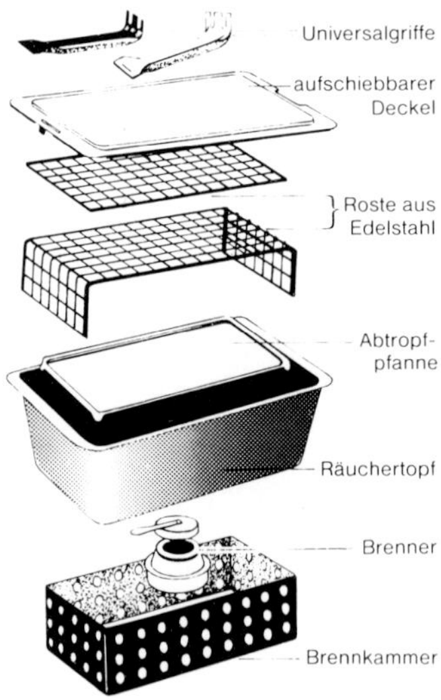

Seite 32: Schnell, sauber und einfach in der Handhabung ist dieses Kleingerät, das vor allem für Angler und Camper entwickelt wurde.

Unten: Praktisch zum Betrieb in der Küche ist dieses Kleinräuchergerät mit Elektroanschluß, das nicht nur zum Heißräuchern von Fischen geeignet ist.

blechen ab. Füße der Tropfbleche nach unten, damit der trockene, aromatische Rauch aus den Mulden entweichen kann. Hierdurch wird ein gleichmäßiges Räuchern und ein zarter Geschmack erzielt. Man kann je nach Menge des Räuchergutes (Fisch, Wild, etc.) entweder auf einem oder zwei Rosten räuchern. Sie werden dann übereinander mit dem Räuchergut eingesetzt. Wenn man Saft zur Saucenzubereitung auffangen möchte, legt man auf den untersten Rost vor Einlegen der vorbereiteten Fische die Alu-Saftschale. Nun schließt man den Behälter mit dem Deckel und klemmt die Patentverschlüsse fest. Anschließend werden die Brennerdosen mit Spiritus oder Firestar-Brennpaste gefüllt. Dann entzündet man den Spiritus bzw. die Firestar-Brennpaste und stellt den Behälter auf das Brennergestell, das nicht auf losem Boden stehen soll, da es sonst einsinkt und der Brenner zu wenig Luft bekommt.« Nach dem gleichen Prinzip sind auch die Räucheröfen anderer Hersteller zu handhaben.

Kleinräuchergeräte mit Elektroheizung

Zum Schnellräuchern (Heißräuchern) bestens geeignet, vor allem für Fische, sind Elektrogeräte. Bei diesen Geräten dient die eingebaute Heizspirale der Rauchentwicklung und der Garraum-Beheizung, und gewährleistet eine konstante Temperatur bis etwa 220 °C.

Vor der Beschickung mit dem Räuchergut muß das Gerät 10 bis 15 Minuten vorgeheizt werden. Dabei wird das Räuchergut aber mehr gegart als geräuchert. Dennoch werden Fisch und

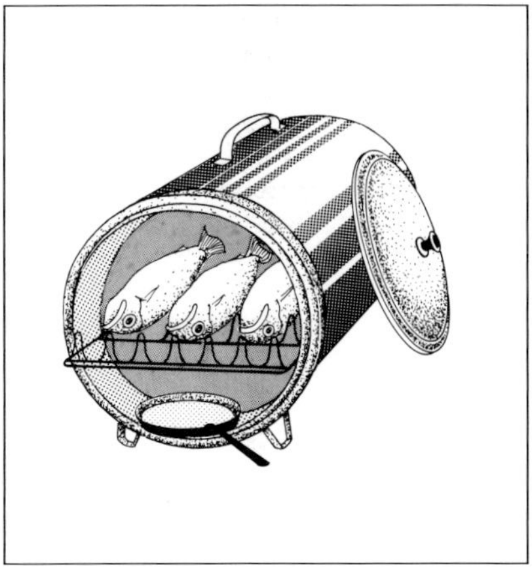

Fleisch ständig vom Rauch umzogen. Zur Raucherzeugung wird reines, sehr fein gemahlenes Sägemehl (in erster Linie Buche) verwendet. Je nach Modell und Hersteller haben manche dieser Geräte auch eine regulierbare Thermostatheizung, eine Zeitschaltuhr und, je nach Größe, einen oder mehrere Einschieberoste für das Räuchergut.

Die Handhabung ist sehr einfach: Das Gerät wird kurz vorgeheizt, die Auffangschale sowie die Roste mit Räuchergut werden eingeschoben, das Pfännchen mit dem Spezial-Räuchermehl auf die Heizspirale gestellt, das Gerät geschlossen, die Heizspirale eingeschaltet, die Zeitschaltuhr eingestellt – fertig. Bei Temperaturen zwischen 170 und 200 °C (Heißräuchern) rechnet man bei Forellen und Makrelen eine Räucherzeit von höchstens 20 Minuten, bei Karpfen 50 bis 60 Minuten, bei Heringen bei einer Temperatur von 80 bis 90 °C zwei Stunden, um einige Beispiele zu nennen.

Temperaturen, Gas- und Räucherzeiten für Fisch und Fleisch (im Mirella-Rauchthermat)

Räuchergut	Thermostat-Einstellung	Gar- und Räucherzeit
Forelle	180 Grad	15 bis 20 Minuten
Karpfen	180 bis 200 Grad	50 bis 60 Minuten
Rotbarschfilet	180 Grad	10 bis 20 Minuten
Schellfisch	200 Grad	25 Minuten
Scholle	150 Grad	20 Minuten
Heilbutt	175 Grad	20 Minuten
Seezunge	180 Grad	20 Minuten
Makrele	180 Grad	20 Minuten
Heringe	80 bis 90 Grad	120 Minuten
Aal	50 Grad	70 bis 90 Minuten
Lachs	170 Grad	25 bis 35 Minuten
Salm	180 Grad	18 Minuten
Muscheln	160 Grad	6 Minuten
Lamm	220 Grad	50 bis 60 Minuten
Steak	200 Grad	10 bis 15 Minuten
Kassler	220 Grad	35 bis 40 Minuten
Haxe	230 Grad	90 bis 120 Minuten
Kalbsrücken	220 Grad	70 bis 90 Minuten
Kotelett	200 Grad	12 bis 15 Minuten
Fleischspieß	180 Grad	10 bis 15 Minuten
Hähnchen	180 Grad	45 bis 60 Minuten
Truthahnschenkel	200 Grad	60 Minuten
Ente	200 Grad	120 bis 150 Minuten
Hühnerbrust	200 Grad	30 Minuten
Wachteln	180 Grad	30 bis 40 Minuten

Geräumiger und durch Thermostat- und Zeitschaltuhr auch perfektionierter ist das Elektrogerät »Mirella-Rauchthermat«.

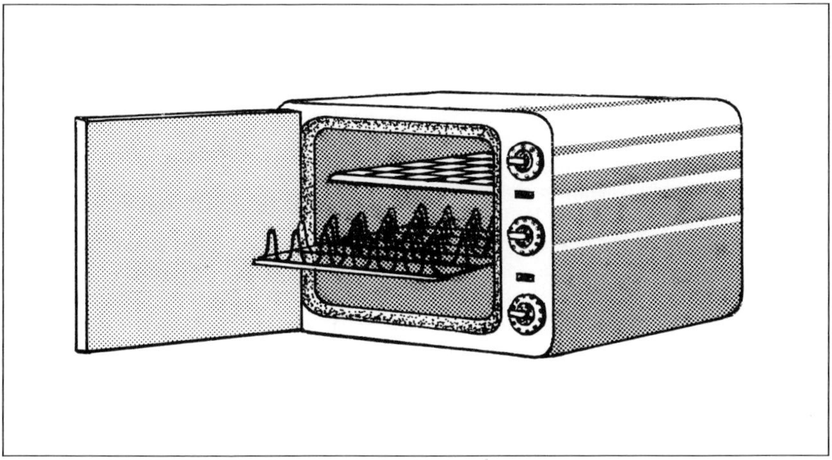

Räuchertonnen für Fische

Speziell für das Räuchern von Fischen gibt es eine Räuchertonne, die wahlweise mit einem Elektrorechaud oder mit einem Gas- oder Spiritusbrenner heizbar ist (Veco AG). Die Fische werden senkrecht an ein Rundgitter gehängt und mit Gabeln gehalten. Das Gitter wird auf einen Behälter mit dem Räuchermehl gesetzt und mit einer tonnenförmigen Stahlglocke abgedeckt (siehe Abb. Seite 36).

Andere Kleingeräte, die sich ebenfalls für zuhause wie für unterwegs eignen, werden von oben beschickt und mit einem Deckel verschlossen. Das Räuchergut wird an Haken eingehängt. Am Fuß der Tonne befindet sich ein Schubfach für Räucherspäne, die wahlweise mit einem Spiritusrechaud oder mit einem Campinggaskocher erhitzt werden. Diese Tonnen sind, je nach Modell, entweder durch Teleskopauszüge oder durch Aufsatzringe in der Höhe verstellbar.

Räuchereinrichtungen in Eigenbau

Benötigt man für das Fleisch- und Wursträuchern einen einigermaßen massiv konstruierten Räucherschrank, wie in den nachfolgenden Kapiteln ausführlich beschrieben, tut's zum Fischeräuchern auch ein Kleingerät oder sogar ein selbstgebauter Räucherofen. Letzterer kann aus einer ausgedienten Tonne oder aus einem Stück Stahlrohr von 1,20 bis 1,50 m Länge angefertigt werden. Der Durchmesser sollte etwa 30 cm betragen.

Der Faßboden wird entfernt und für die Aufnahme der Räucherspäne am

Der mehrteilige Forellenräucherofen wird auf einen Elektrorechaud aufgesetzt. Die Schemazeichnung auf Seite 37 zeigt, wie das Gerät zusammengebaut wird.

Rand aufgebogen. Das Rohr erhält einen schalenartigen Einsatz, auf den die Holzspäne gestreut werden. Darunter wird aus Ziegelsteinen ein Sockel gesetzt, der für die Feuerung einen Platz von etwa 50 cm Länge, Breite und Tiefe bietet. Diese Maße sind als Mindestmaße für Tonnen zu verstehen, während man bei der Rohrräucherung den Platz dem Durchmesser entsprechend anzupassen hat. Das Räuchergut wird an Haken auf Querstäben eingehängt.

In norddeutschen Gebieten sieht man es auch, daß alte Holzfässer, deren beide Böden beseitigt sind, für die Fischräucherung hergenommen werden. Der untere Boden ist, ebenfalls wie bei einer Tonne herausgenommen und meist durch ein feuerbeständiges Draht- oder Eisengeflecht ersetzt. Die Raucherzeugung erfolgt hier direkt, das heißt Räucherspäne und mögliche Gewürze werden unmittelbar aufs Feuerholz im Steinsockel gestreut. Die Fische werden dann von oben her an Räucherstangen aufgehängt.

Um den Rauch im Faß zu halten und die Belüftung zu regulieren, wird in der Regel ein Stück Sackleinen darüber gebreitet (siehe auch Seite 40).

Gartengrill als Räucherofen

Ohne größere Umbauten läßt sich ein gemauerter Gartengrill mit wenig Mühe in einen Räucherofen verwandeln (siehe Abb. Seite 84). Über die Ummauerung der Feuerstelle muß nur ein Rost oder ein Stahlgeflecht gelegt werden. Darauf schichtet man sauber gewaschene, etwas größere Kieselsteine, die für die Rauchfilterung und zur Hitzedämpfung geradezu ideal sind.

Über die Kieselschicht wird dann eine aus Baustahl geschweißte Aufhängevorrichtung gestellt, in die man die Fische zum Räuchern einhängt. Die Temperatur kann mittels der Stärke der Kiesel-

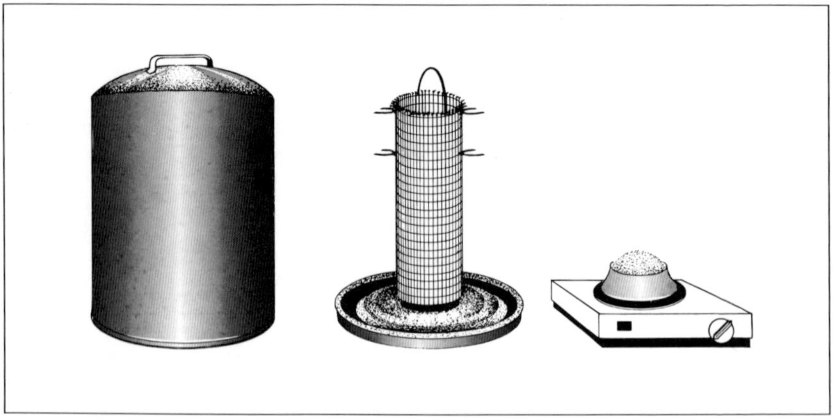

Kleinräuchergeräte, küchengerecht ausgestattet, gibt es im Fachhandel zu kaufen. Hier können zehn und mehr Fische zugleich geräuchert werden.

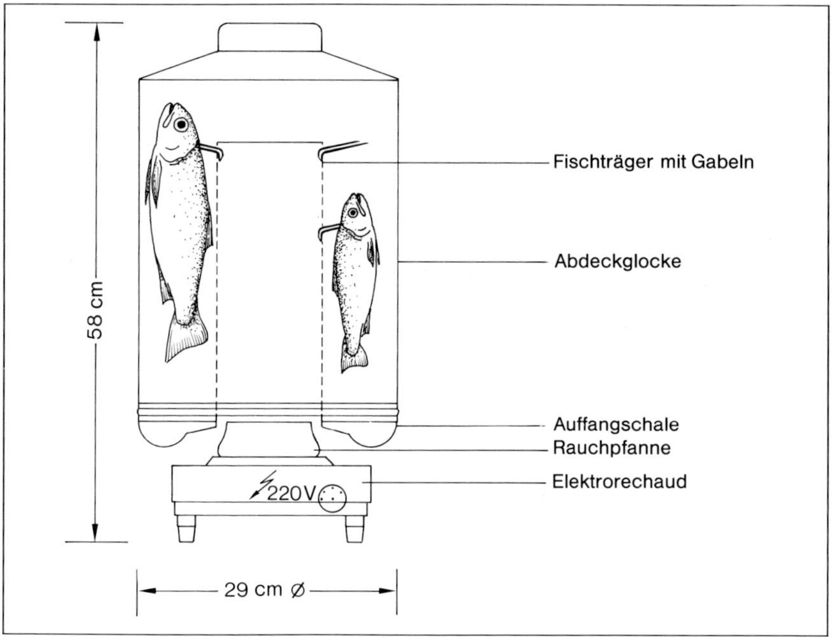

schicht ideal geregelt werden, ganz gleich ob man mit Buchen- oder Erlenholz bzw. mit Sägespänen räuchert. Von Kalt- bis Heißräuchern ist somit alles möglich.

Räucherschränke

Wer vornehmlich Würste und Fleisch räuchern möchte, kommt mit den bisher beschriebenen Kleingeräten, die sich meist nur zum Heißräuchern eignen, auf die Dauer nicht zurecht; er benötigt einen Räucherschrank.

Für jeden, der größere Mengen räuchern möchte, wird sich eine solche Investition allemal lohnen, hält doch ein verzinkter Kalträucherschrank eine, wenn nicht sogar zwei Generationen aus. Nur sollte man ihn in einem trockenen und kühlen Raum aufstellen.

Die handelsüblichen Schränke sind so ausgelegt, daß man gut und gern ein halbes Schwein darin auf einmal räuchern kann. Dies sind Schränke mit Aschenkasten, Feuerungsstelle, Rauchverteilerblech sowie Fettabtropfblech im unteren Bereich. Die oberen zwei Drittel enthalten die Einhängvorrichtungen.

Einfach herstellen und ohne große Kosten verwirklichen lassen sich Räuchertonnen aus nichtrostenden Stahlrohren oder auch Tonnen aus Stahlblech (Achtung: Darin dürfen keine Chemikalien gelagert gewesen sein!).

Bei allen Fragen, die die Aufstellung und die feuerpolizeilichen Vorschriften betreffen, helfen die Bezirkskaminkehrmeister und die Bauverwaltungen in Stadt und Gemeinde, die Auskunft über Vorschriften geben können.

Wer im Haus keinen Platz für den kaum einen Quadratmeter beanspruchenden Räucherofen hat, kann den Ofen auch an einer geschützten Stelle im Garten aufstellen und, um Rauch- und Geruchsbelästigung zu vermeiden, die Abluft über ein langes Ofenrohr nach oben leiten.

Rund zwei Dutzend Firmen in der Bundesrepublik und vielleicht ebensoviele in der Schweiz und in Österreich bieten Räucherschränke für das perfekte, wie problemlose Kalträuchern an. Der Vorteil dieser Stahlblecherzeugnisse liegt auf der Hand: Die Modelle sind platzsparend und als eine nicht allzu teuere Investition im Handel erhältlich (siehe Bezugsquellenverzeichnis). So hat ein Räucherschrank mit einem Inhaltsvermögen von rund 700 Litern (das entspricht etwa einem Schlachtfleischgewicht von 175 kg) keinen größeren Platzbedarf als 90 × 160 cm.

Die Aufstellung muß auf einem feuerfesten Boden, also Beton oder Fliesen, geschehen und zwar in einem trockenen, kühlen und keinesfalls stickigen Raum. Vorhanden sein muß ein gut abziehender Schornstein, wobei das Anschlußrohr zum Schornstein leicht schräg ansteigen soll. Wichtig ist, daß man vor dem ersten Räucherversuch den neuen Schrank gute drei Tage ohne Inhalt, das heißt ohne Fleisch, Fisch und Wurst, sozusagen einräuchert, damit er den Rauchgeruch annimmt.

Eine Räuchertonne, die platzsparend in Räumen, aber auch im Garten oder am Fischteich aufgestellt werden kann. Durch Feuerung mit Camping-Gas ist sie überall einsatzfähig.

Zu beachten ist, daß das Räuchergut nur in gut getrocknetem Zustand in den Schrank eingehängt werden darf. Es soll auch nicht zu dicht nebeneinander geschichtet werden, damit es sich nicht berührt. Die meisten Kalträucherschränke werden mit Sägemehl betrieben. Das Sägemehl kann mit Grillanzündern oder Trockenspiritus, aber auch mit Wachspapier angezündet werden und zwar bereits vor dem Einhängen von Fleisch, Fisch und Wurst.

Das Sägemehl darf keinesfalls brennen, sondern nur glimmen. Bei den meisten Räucherschränken kommt man mit einer Sägemehlfüllung für fünf bis acht Stunden aus. Für Pökelfleisch genügt es zum Beispiel bei einem handelsüblichen Räucherschrank, wenn einmal am Tag eine Schublade mit Sägemehl gefüllt wird. Im Anschluß daran soll das gepökelte, eingehängte Fleisch bis zum nächsten Tag auskühlen. Beim Räuchern von Wurst wird ein kürzeres Intervall vorgeschlagen.

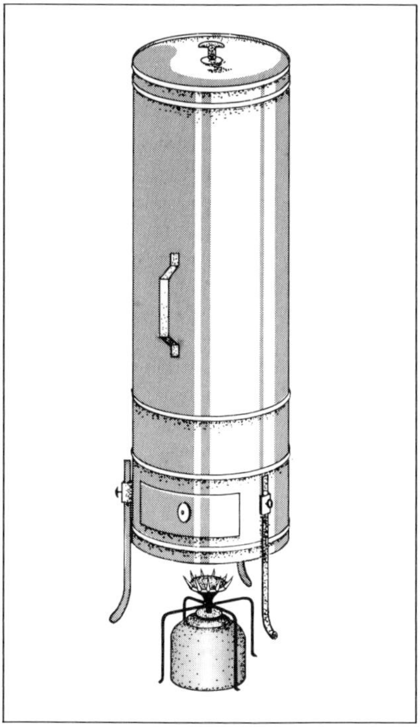

Vorteile gut isolierter Räucherschränke

Besonderen Wert legen Hersteller auf die Zerlegbarkeit der Schränke, damit sie leichter an schwer zugänglichen Plätzen im Hause aufgestellt werden können (Treppen sind in Neubauten oft sehr eng für sperrige Güter) und, was noch wichtiger ist, auf gute Isolierung der Schränke. Zudem ist es besonders wichtig, den Schrank vor Rost zu schützen, denn bei jedem Räuchervorgang wird Feuchtigkeit frei, die zusammen mit Salz und Teerrückständen Metalle angreift und zu Rostschäden führt. Aus diesem Grunde spritzt man Isoliermasse unmittelbar auf die Bleche, um zu verhindern, daß sich die aggressive Feuchtigkeit zwischen Schrankwand und Isolierung festsetzt und unkontrolliert Rost verursacht.

Fälschlicherweise wird die Isolierung im Räucherschrank häufig einer Wärmeisolierung gleichgesetzt. Hohe Außentemperaturen der Luft von der Wurst fernhalten zu wollen, ist sinnlos, weil ja die den Schrank umgebende Umluft als Zuluft über die Lüftungsschlitze und

Oben:
Einfach und ohne große Kosten ist diese Räuchertonne zu bauen.

Unten:
So werden die Fische über Stäben eingehängt. Das »goldgelbe« Ergebnis kann sich allemal sehen lassen.

Seite 41 oben:
Stahlblech-Räuchertonne mit keramischem Räuchertürmchen.

Seite 41 unten:
Der Räucherschrank, der überall dort Platz findet, wo ein Kaminanschluß vorhanden ist.

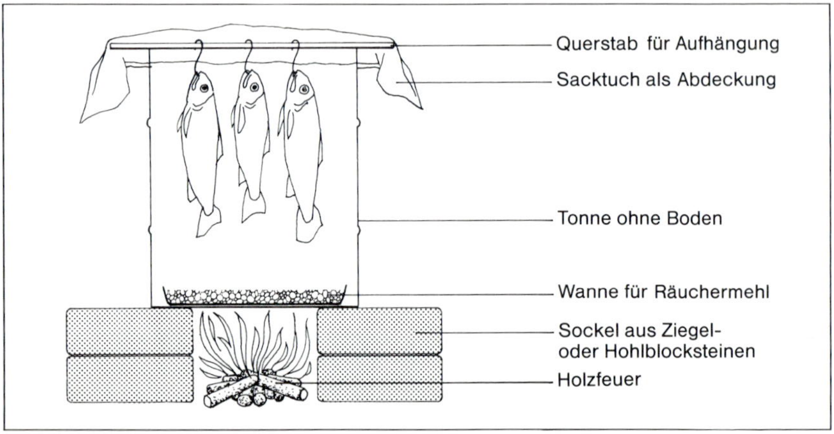

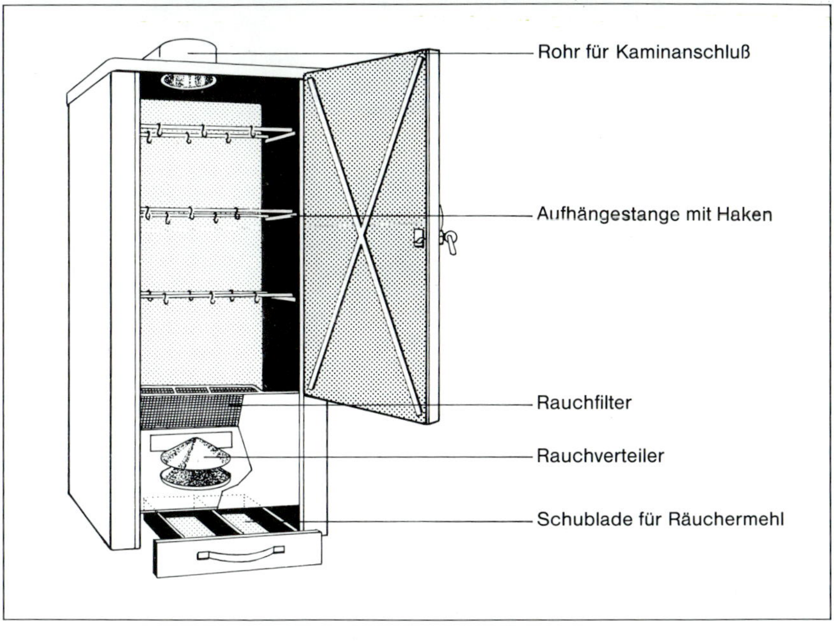

Rohr für Kaminanschluß
Aufhängestange mit Haken
Rauchfilter
Rauchverteiler
Schublade für Räuchermehl

Zwischen gemauerter oder ausbetonierter Feuerung und der Stahlblech-Räuchertonne, hier mit keramischem Räuchertürmchen als Gartenschmuck, sind von perfekten Räucherfreunden zur Abkühlung des Rauches unterirdische Gräben gezogen oder Rohrleitungen verlegt, wofür ein altes Ofenrohr genügt.

In gemauerten Räucherkammern oder sogar Räucherhäuschen im Freien wird das Aale-Räuchern zu einem besonderen Spaß. Natürlich sind solcherlei Räucheranlagen auch für das Fleisch- und Wursträuchern bestens geeignet.

durch den Sog des Schornsteins immer über die Fleischwaren geführt wird.

Die Isolierungen müssen hygrostatisch sein, also fähig, Feuchtigkeit zunächst aufzunehmen und dann wieder sukzessiv abzugeben, wodurch Schwitzwasserbildung vermieden wird.

Manche Räucherschubladen (Rauchentwickler) sind der Länge nach durch ein Schott unterteilt, um einen langsamen, U-förmigen Abbrand des Sägemehls zu erreichen. Dadurch wird eine übermäßige Erhitzung ausgeschlossen.

Ein Rauchverteiler, in der Höhe durch eine grobgängige Spindel stufenlos einstellbar, sorgt für eine gleichmäßige Verteilung des Rauches. Seine nach oben gewölbte Hutform staut zunächst den Rauch. Frischluft wird durch Kiemen im Außenmantel, über dem Rauchentwickler angeordnet, infolge Schornsteinsogs angezogen. Sie kühlt den gestauten Rauch ab. Der abgekühlte Rauch mit einer Temperatur von ca. 23 bis 25 °C kann nun an die Fleischwaren gelangen, ohne ein Tropfen von Fett hervorzurufen.

Trouvit 40

Seite 44 und 45 oben: Ideal zum Aufstellen im eigenen Garten oder am Fischwasser: der aus Stahlblechen zusammengeschweißte Räucherschrank für das Fisch-, Fleisch- oder Würsteräuchern.

Eine Breite von 50–60 cm und eine Höhe von etwa 40 cm sollte die Feuerung eines Räucherschranks Marke »Eigenbau« haben.

Platzsparend wie ein Gefrierschrank kann ein Räucherschrank mit Außenlackierung selbst in größeren Wohnungen, Vorratsräumen oder Kellern aufgestellt werden. Nur ein Kaminanschluß muß in unmittelbarer Nähe sein. Große Räucherschränke haben den Vorteil, daß das Räuchergut, ohne sich gegenseitig zu berühren, eingehängt werden kann.

Nach dem Räuchern wird der Rauchverteiler wieder fest auf den Schrankboden aufgeschraubt und somit ein Einlaß von Ungeziefer vermieden.

Heißräuchern ist in solchen Schränken nicht möglich; sie sind ausschließlich für die Herstellung von Dauerware konzipiert.

Räucherkammern

Metzgereien räucherten Fleischerzeugnisse noch bis vor wenigen Jahren ausschließlich in gemauerten Räucherkammern. Die Erzeugung des Rauches erfolgte durch Verschwelen von Sägemehl bzw. durch Verbrennen von Hartholzscheiten zur Temperaturerhöhung bei der Heißräucherung.

In Kammern oder Anlagen zur Kalträucherung wurde das auf hölzerne Dreikantrauchstecken aufgehängte Räuchergut meist Stecken für Stecken in die Kammer eingebracht. Rauchdichte und Temperatur in der Kammer ließen sich in derartigen Heißräucheranlagen nur ungenau steuern. Auch bei Kalträucheranlagen konnten von den wichtigen Prozeßparametern wie Luftfeuchtigkeit, Temperatur und Rauchdichte nur letztere befriedigend beeinflußt werden, in-

Schemazeichnung für den Bau eines Räucherschranks, in dem nicht nur Fische, sondern auch Wurst und Fleisch geräuchert werden können.

dem die Glimmtemperatur durch Öffnen oder Schließen von Luftklappen oder durch Anfeuchten des Sägemehls erhöht bzw. erniedrigt wurde.

Für den Bau von Räucheranlagen ist eine ganze Reihe von gesetzlichen Bestimmungen zu beachten, um der Explosionsgefahr sowie gesundheitlicher Schädigung durch das Räuchergut vorzubeugen. Richtlinien geben die Empfehlungen der Brandversicherungskammer bzw. die feuerpolizeilichen Verordnungen der Bundesländer. Bevor man daran geht, sich im Eigenheim eine Räu-

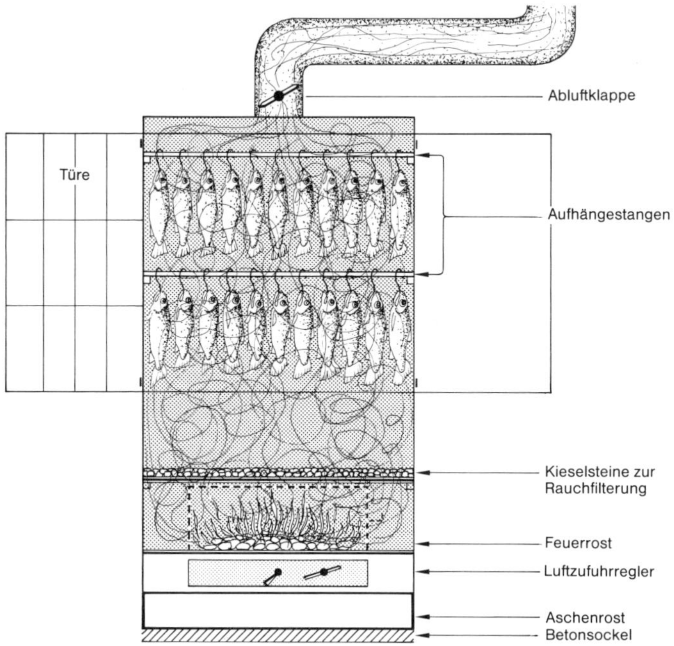

cherkammer einzubauen, sollte auf alle Fälle schon bei der Planung ein Kaminkehrermeister zugezogen werden, um von vornherein sicher zu gehen, daß nicht nur den feuerpolizeilichen Vorschriften entsprochen, sondern auch eine optimale und »gesunde« Räucherung erreicht wird.

Vorschriften für den Bau von Räucherkammern

Auszug aus den Vorschriften der Brandversicherungskammer:

»Räucheranlagen sind so anzuordnen, herzustellen und einzurichten, daß sie ordnungsgemäß betrieben und gereinigt werden können und nicht zu Gefahren und unzumutbaren Belästigungen führen. Räucherkammern mit innenliegender Feuerung und Räucherschränke sind Feuerstätten.

Die raumabschließenden Bauteile von Räucherkammern müssen feuerbeständig sein; Türen aus nichtbrennbaren Baustoffen bestehen. Räucherschränke müssen aus nichtbrennbaren Baustoffen ausgeführt sein.

Beobachtungsöffnungen müssen ausreichend widerstandsfähig gegen Feuer sein. Alle Einbauten müssen aus nichtbrennbaren Baustoffen bestehen. Schieber zur Umleitung der Rauchgase müssen betriebssicher sein. Räucherkammern und Räucherschränke mit innenliegender Feuerung müssen so beschaffen sein, daß herabfallendes Räuchergut nicht in die Feuerung oder deren brandgefährliche Nähe gelangen kann. Räucherkammern müssen eine ausreichende und sichere Frischluftzuführung haben.

Räucherkammern mit innenliegender Feuerung und Räucherschränke dürfen nur in Räumen errichtet oder aufgestellt werden, die mindestens feuerhemmende Wände und Decken aus nichtbrennbaren Baustoffen haben, und nicht in Räumen, in denen leicht entzündliche oder explosionsgefährliche Stoffe verarbeitet oder gelagert werden oder in denen solche Stoffe auftreten können.

Räucherkammern dürfen nur auf feuerbeständigen Decken errichtet werden, Räucherschränke nur auf ausreichend dicken und wärmedämmenden Unterlagen aus nichtbrennbaren Baustoffen.«

Das A und O einer funktionierenden Räucherkammer: die Frischluftzufuhr

Frischluftzufuhr garantiert bei einer Räucherkammer nicht nur Sicherheit, sondern auch ein gesundes Räuchern und guten Geschmack.

Die feuerpolizeilichen Verordnungen, nach denen der Kaminkehrer seine Feuerbeschau vornimmt, definieren dies folgenderweise:

»Ob die zugeführte Luft ausreicht, hängt vor allem von der Größe der Anlage ab und davon, ob sie eine innenliegende Feuerung hat. Die zugeführte Luft muß ausreichen, um den Verbrennungsvorgang aufrechtzuerhalten und um die Temperatur in der Räucherkammer auf einen bestimmten Stand zu regulieren.«

»Sicher« bedeutet hier vor allem brandsicher. Die Frischluftzuleitung muß so beschaffen sein, daß sich ein in der Feuerstätte entwickelnder Brand auch unter ungünstigsten Bedingungen nicht durch die Luftzuführung auf den Raum außerhalb der Räucherkammer ausdehnen kann.

Diese Voraussetzung ist bei Räucherkammern mit umgeleiteten Rauchgasen z. B. dann erfüllt, wenn die Luft durch einen Kanal zugeführt wird, der wie folgt hergestellt ist:

a) Boden: Eine Ziegelflachschicht über dem Boden der Räucherkammer (dadurch soll erreicht werden, daß brennbare Stoffe nicht so leicht in den Kanal gelangen können)
b) Wände: 1/2 Stein (= 11,5 cm) dick
c) Abdeckung: Zwei im Fugenwechsel verlegte Ziegelflachschichten
d) Die Frischluftöffnungen müssen zueinander in einem rechten Winkel liegen. Die äußere Frischluftöffnung muß mit einem Viellochstein verschlossen sein.

Die Wände und die Abdeckung des Frischluftkanales können auch aus geeigneten anderen Baustoffen (z. B. Asbest-Zementrohren, Blech usw.) bestehen.

Räucherfehler lassen sich vermeiden

Aufgrund ihrer 70jährigen Erfahrung hat die Firma TRIA in Unterfranken (siehe Bezugsquellenverzeichnis) wertvolle Tips bei Störungen und für die Fehlerursache beim Räuchern in Schränken zusammengestellt, die hilfreich sein können, wenn es einmal nicht ganz so klappen sollte, wie erhofft.

Störung

Die Rauchentwicklung ist zu gering bzw. das Sägemehl brennt nicht durch.

Mögliche Ursachen:

1. Schornsteinzug ist zu gering bemessen.
Abhilfe: Der Schornsteinzug muß 1,5 bis 2 bar (mm WS) betragen. Er ist im allgemeinen ausreichend, wenn ein brennendes Streichholz, oben im Räucherschrank an die Zugöffnung gehalten, ausgeht. In Zweifelsfällen den Schornsteinzug vom Schornsteinfegermeister messen lassen.
2. Kaltluftsäule steht im Schornstein.
Abhilfe: Durch die Putztüre in den Schornstein Stroh oder Papier einbringen und anzünden. In allen Zweifelsfällen einen Fachmann oder den Schornsteinfeger zu Rate ziehen.
3. Nicht genügend Frischluftzufuhr im Aufstellraum.
Abhilfe: Für Belüftung sorgen.
4. Sägemehl ist zu naß.
Abhilfe: Trockeneres Sägemehl verwenden.
5. Rauchverteiler ist geschlossen.
Abhilfe: Rauchverteiler richtig einstellen.

Störung

Die Rauchentwicklung ist zu stark bzw. das Sägemehl brennt zu schnell ab.

Mögliche Ursachen:

1. Schornsteinzug ist zu stark.
Abhilfe: Den Schornsteinzug mit dem Blechschieber regeln oder eine Pendel-

klappe in das Rauchrohr einbauen. Das Sägemehl etwas anfeuchten.
2. Sägemehl ist zu trocken.
Abhilfe: Sägemehl anfeuchten.
3. Rauchverteiler ist zu hoch eingestellt.
Abhilfe: Rauchverteiler richtig einstellen.

Fehler

Räucherware läuft an (schimmelt).

Mögliche Ursachen:

1. Fleisch ist nicht genügend gepökelt, bzw. Fehler in der Wurstherstellung.
Abhilfe: Fleisch bzw. Wurst abwaschen und nachräuchern.
2. Fleisch ist nicht genügend geräuchert.
Abhilfe: Fleisch abwaschen und nachräuchern, alsbald verbrauchen.
3. Fleisch wurde beim Räuchern nicht genügend belüftet.
Abhilfe: siehe Hinweise zur Verbesserung der Belüftung oben.
4. Das Luftgitter bei der Luftzufuhr ist verschmutzt.
Abhilfe: Luftgitter reinigen.
5. Der Aufstellraum ist zu feucht.
Abhilfe: Räucherschrank in einem trokkenen Raum aufstellen.

Fehler

Räucherware trocknet aus.

Mögliche Ursachen:

1. Schornsteinzug ist zu stark.
Abhilfe: Schornsteinzug drosseln.
2. Umgebungstemperatur ist zu hoch.
Abhilfe: Schrank in einem kühleren Raum aufstellen.

In den selbstgebauten Räucherschrank gehört ein Räucherthermometer.

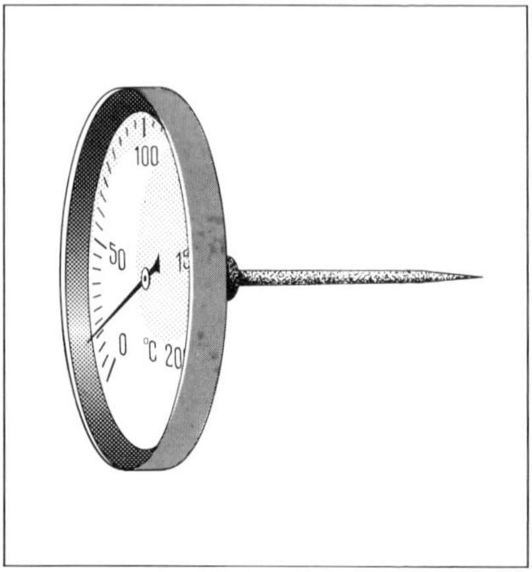

Gerätschaften, die man zum Räuchern braucht

Die folgende Checkliste nennt nur die wichtigsten Gerätschaften und das Zubehör, die man sich beim Einstieg in das Räucherhobby zulegen soll, ausleihen oder in Anspruch nehmen muß.
- Räucherofen, Räucherschrank oder Räucherkamin
- Fleischstock oder dickes Schneidbrett aus Hartholz (Buche, Eiche)
- Schüsseln aus Kunststoff oder Edelstahl
- Plastikeimer
- Scharfe Messer
- Fleischgabel
- Schleifstahl
- Küchenwaage
- Steingut- oder Holzfaß
- Schöpfkelle
- Thermometer (zur Temperaturfeststellung im Pökelraum und später

dann der Hitze im Räucherofen und -kamin)
- Lakemesser (zum Messen des Salzgehalts der Pökelflüssigkeit bei der Haltbarmachung im Faß vor dem Räuchervorgang)
- Küchengarn
- Injektionsspritze (zum intramuskulären Pökeln – Einsalzen – der Muskelfaser bei ganzen Schinken)
- Fleischerhaken
- Küchentücher

Räucherthermometer

Zur genauen Feststellung von Räuchertemperaturen gibt es im Handel spezielle Stabthermometer, die mit einem Tauchrohr bzw. Fühler durch die Schrankwand reichen oder eingebaut werden können. Sie sind universell verwendbar und weisen Meßbereiche von 0 bis 200 Grad auf. Die Gehäuse (Durchmesser etwa 160 mm) sind mit einer übersichtlichen Skaleneinteilung versehen.

Das Räuchern von Fleisch

Was aus der Not geboren wurde, nämlich die Haltbarmachung von Fleisch durch Pökeln, Räuchern oder Lufttrocknen, das ist im Laufe der Jahrhunderte zu einer Spezialität geworden. Schinken ist längst mehr als kernige Bauernkost, ist eine Gaumenfreude von ganz besonderer Art.

Allein in der Bundesrepublik Deutschland werden, um nur ein Beispiel zu nennen, jährlich 30 Millionen Hinterkeulen von Schweinen verzehrt.

Kein Wunder also, wenn sich diese Beliebtheit auch im Wunsch eines Selbstversorgers niederschlägt, selbst zum Spezialitätenhersteller in Sachen Rauchschinken »aufzusteigen«. Und das kann durchaus gelingen, gibt man sich einigermaßen Mühe.

In alten Rauchkucheln lebt das Mittelalter fort

Wer einmal das Glück hatte, in eine der wenigen in Süd- wie Nordtirol erhaltenen Rauchkucheln einzutauchen, der fühlte sich mit Recht in mittelalterliche Zeiten zurückversetzt. Pechschwarzen Höhlen gleich sind sie neben dem eigentlichen Hofgelände in einem der Nebengebäude oder auf den Almen zu finden. Meist sind es noch Gewölbe, an deren Decken verrußte Eisengestänge rund 2 bis 2,5 m über dem steinigen Boden die Halterungen für Schinken und Speck bieten.

Begegnung in einer alten Tiroler Rauchkuchel:

Die Streuxner-Bäuerin des 300 Jahre alten Erbhofes in Eger bei Neustift im Stubaital gewährt gerne Einblick in diese Nordtiroler Speckräucherung. Im ganzen Tal ist sie noch die einzige, die dieser uralten Art der Vorratshaltung treu geblieben ist.

Rund 150 kg schwer soll ein Schwein sein, das sich so recht für den Tiroler Speck eignet. Nach dem Schlachten, was in den Wintermonaten geschieht, soll das Fleisch gut abgehangen sein. Dann wird es zerlegt, die einzelnen Fleischteile in eine Lake aus Salz, Knoblauch, Pfeffer, Kümmel, Zucker, Lorbeerblättern und zerriebenen Wacholderbeeren eingelegt, tirolerisch Einsuren genannt. In den aus Eichenholz hergestellten Fleischkübeln wird das Surfleisch drei Wochen lang präpariert.

Zu den beiden Abbildungen: Räuchern in Tirol: Allabendlich wird in der Rauchkuchel ein kleines Feuer mit Hart- und Weichholz angemacht, das wenige Stunden danach in sich selbst verlöscht. Der Rauch bleibt die ganze Nacht im geschlossenen Raum. Erst am nächsten Morgen werden dann die Luken geöffnet, so daß die frische Gebirgsluft das Räuchergut umstreichen kann.

Dann aber muß das gepökelte Fleisch gut abgerieben und abgetrocknet sein, bevor es in die Rauchkuchel kommt.

Die Räucherung dauert ganze sechs Wochen. An allen Räuchertagen wird in den Vormittagsstunden in einer im Durchmesser einen halben Meter großen, eisernen Räucherpfanne ein kleines Feuer gemacht, das aber keineswegs lodert, sondern glimmt. Es wird aus Kienspänen und Sägemehl gespeist, ab und zu wird dann, kommt die Bäuerin in den Wintermonaten tagsüber aus dem Haus, ein bißchen „nachgelegt", so daß bis in die Abendstunden hinein die Rauchentwicklung gewährleistet ist. Nachts jedoch, Türe und Fenster bleiben natürlich geschlossen, gehen Feuer und Glut aus.

Am frühen Morgen wird dann die Rauchkuchel gelüftet, das heißt, das Fleisch bekommt viel Frischluft zugeführt, bevor neu angefeuert wird. So geht das Tag für Tag, sechs Wochen lang.

Sehr ausführlich beschäftigt sich Hans Fink in seinem Buch »Südtiroler Küche, Tisch und Keller« mit dem Selchen in der guten alten Rauchkuchel.

Der aus einer Rittner Bauernfamilie stammende Autor hat den Beruf als Metzger und Selcher erlernt und ist seit 30 Jahren Gastwirt in Brixen.

Zum Selchen gibt er aus langjähriger Erfahrung folgenden Ratschlag:

»Das Selchen geschieht mittels ›kalten Rauches‹ – er soll die 20 Grad eher unterschreiten als erreichen; der Rauch wird mit Sägemehl und vielen beigemischten Kranewittzweigen (Wacholder) gemacht, und zwischendurch muß der Raum oft und gut gelüftet werden. Nach einem Monat ist der Speck »gleim« (hart) und kommt nun in einen kühlen luftigen Raum zur weiteren Aufbewahrung. – Der Gewichtsverlust vom frischen rohen und »ausgebrateten« Fleisch bis zum gut genießbaren Speck

ist je nach Fettgehalt verschieden. Er kann bei sehr weißem Speck 25, bei eher rotem hingegen rund 30 Prozent ausmachen. Ein Schwein mit einem Totgewicht von 100 kg gibt aber nur 50 kg Speck ab, da ja auch Füße, Kopf, Rippen, Knochen, und der ›Filz‹ (das Nierenfett) wegfallen. Kenner ziehen den unterspickten Bauchspeck dem zwar schön roten, dafür aber eher trockenen Schinkenspeck vor. In dünnen Scheiben gesäbelt und mit duftendem Roggenbrot langsam und gläubig zu eher säuerlichem Rotwein genossen, hilft so eine Brotzeit über viele Sorgen hinweg. Harter Speck und süffiger, nicht zu schwerer Wein vertragen sich herrlich.«

Die Methode: 250 Jahre alt, aber kaum überholt

Aus Zedlers »Großem Reallexikon aller Wissenschaften und Stände«:

»Wer ein recht niedlich geräuchertes Rindfleisch haben will, schlachte einen wohlgemästeten Ochsen von vier oder fünff Jahren, zerhaue ihn in Stücke, und weil die Wärme noch im Fleisch, so bestreue man es in Mulden oder andern flachen Gefässen über und über mit gnugsamen Saltz. So bald nun dieses zergangen, und in das Fleisch gedrungen, so hänge man es unverweilt in den Rauch, und lasse es so lange darinnen hängen, bis es getrocknet, aber nicht erhärtet ist. Da man es denn herunter nehmen, in einem Schranke verwahren, und nach Gefallen davon kochen kan. Im Speisen wird man erfahren, um wie viel wohl geschmacketer und milder dieses, gegen einem andern geräucherten Fleischen.

Mit den Schincken wird auf folgende Weise verfahren: Wenn sie von dem Schweine wohl abgelöset worden, so werden sie etliche Tage, bis sie ein wenig erstarren, liegen gelassen, alsdenn eingesaltzen, und das Saltz absonderlich um die Knochen, wo sie sonst zum ersten modericht zu werden pflegen, wohl eingerieben, und in diesem Saltze müssen sie wieder eine Woche verbleiben; sodann werden sie auf ein Bret gelegt, und mit einem andern Brete zugedeckt, damit man auf dieses obere etliche schwere Steine oder Bley legen, und das Saltzwasser oder die angreiffende Feuchtigkeit austreten und davon lauffen lassen könne. Ist nun diese Feuchtigkeit heraus, so befreyet man den Schincken wieder vom Brete und Gewichte, saltze ihn noch ein mahl auf der fleischigen und der zähen Schwarte entgegen gesetzten Seite, läßt ihn wieder drey Tage so liegen, und wandert dann erst mit ihm in den Rauch. Wenn man unter das Saltz ein klein wenig Salpeter mischet, so wird das Fleisch nicht allein schön roth davon, sondern erlangt auch einen lieblichen Geschmack.

Die Zungen werden auf Westpfälische Art also geräuchert: Nehmet ganz frische Zungen, leget sie in eine Mulde, daß das obere scharffe Theil der Zungen under sich komme, nehmet zwo Hände voll Saltz auf jede Zunge, schwinget sie eine Zeitlang in der Mulde, damit das Saltz wohl eindringe, und allezeit der obere scharffe Theil unter sich gekehret sey, laßt sie also über Nacht in einer Stube stehen, sprenget sie hernach mit Eßig ein, und lasset sie wieder drey oder vier Tage an einem kühlen Orte stehen, leget sie denn auf die vorige Weise in ein Gefässe, schneidet gesottene rothe Rüben zu dünnen Scheiben, und leget auf eine jede Zunge drey oder vier derselben, nachdem sie groß sind, streuet mehr Saltz auf die Zungen, und nehmet endlich auf jede Zunge ein halb Nössel Wein, ein Nössel Wasser, und ein Nössel Eßig, vermischet es mit der gesaltzenen Lacke von den Zungen, güsset es also darauf, daß es ein wenig darüber gehe, beschweret sie mit einem Stein, und hänget sie, wenn sie also drey Wochen gestanden, in den Rauch, aber nicht zu nahe über das Feuer, welches auch bey andern Fleisch zu beobachten; sie müssen steten Rauch und Anfangs ein paar Tage von Wacholderstauden haben, und also in die drey Wochen hängen. Auf diese Weise räuchert man auch die Schincken, welche aber mehr Saltz bedürffen, auch etliche Tage länger in der Lacke liegen, nicht weniger acht Tage länger im Rauche hängen müssen, als die Zungen.

Die Speckseiten, ehe sie in den Rauch kommen, werden sauber ausgelößt, eine nach der andern auf ein langes Bret gelegt, und so lange mit Saltz durchgerieben, bis dasselbe wohl eingekrochen. Nach diesem müssen sie auf einander in langen Mulden geschichtet, und in diesem Lager etliche Tage gelassen, ferner in eine frische Mulde ausgeladen, die obersten zu unterst gelegt, mit frischem Saltz vom neuen besprengt, und von Wochen zu Wochen so tractiret werden, so lange bis eine jede Speckseite durchsichtig wird.«

Das Beschaffen von Fleisch

Man kann sich Stufe um Stufe steigern, kann im Höchststadium selbst ein Schlachtfest veranstalten, also ein von einem Bauern oder einer Mästerei gekauftes Schwein durch einen Metzger zu Hause schlachten lassen. Das Fleischbeschaugesetz schreibt eine amtliche Untersuchung von Schlachttieren am lebenden sowie am geschlachteten Tier vor. Die Schlachtung darf daher nur von ausgebildeten Personen durchgeführt werden.

Eine Ausnahme bilden Kleintiere wie Geflügel, Kaninchen oder Lämmer unter 3 Monaten, sofern sie für den Eigenbedarf und nicht gewerblich geschlachtet werden.

Außerdem müssen in jedem Fall die Entsorgung nach dem Tierkörperbeseitigungsgesetz und das landesübliche Tierschutzgesetz beachtet werden. Damit ist die Fleischbesorgung durch Hausschlachtung für den Einsteiger keinesfalls empfehlenswert.

Deshalb der gute Rat: man kaufe zuerst einige wenige, schön zerlegte Fleischstücke vom Metzger um die Ecke oder vom Großhandelsmetzger. Pökel- und damit räuchergerecht zerlegt, bekommt man da und dort auch eine ganze Schweinehälfte, die um die 40 kg Fleisch einbringt. Wichtig ist, daß das Schwein jung und nicht zu fett ist, am besten aus naturgemäßer Haltung. Das Fleisch sollte man sich als Anfänger vom Metzger gleich räuchergerecht portionieren lassen. In einer Plastikwanne nimmt man dann, platzsparend und in jedem Kofferraum bequem plazierbar, sein Räuchergut »in spe« mit nach Hause. Das bringt in erster Linie den Vorteil, daß der Ungeübte sich nicht mit dem Entbeinen herumplagen muß und gleich gesagt bekommt, welche Teile nicht zum Räu-

Oben:
Schweinehals
(Kamm, Nacken).

Unten:
Kotelett.

Oben:
Nußschinken.

Unten:
Schulter.

Die wichtigsten Stücke vom Schwein: 1 Bauch und Wammerl, nach vorne die Brust. 2 Bug oder Schulter, Vorderkeule. 3 Füße. 4 Haxen. 5 Filet und Kotelettgrat. 6 Halsgrat oder Schweinekamm. 7 Schlegel, Keule.

chern, sondern eher zum Wursten oder anderweitig verwertbar sind.

Fleischstücke, die zum Räuchern ideal sind

Wenn auch unter der Bezeichnung Schinken nicht nur das Fleisch von der Hinterkeule eines Schweins als alleiniges Räuchergut gilt, so ist es allemal natürlich das bevorzugteste. Die Zusammensetzung ist pauschal gesehen so, daß es zu rund 20 % aus Eiweißstoffen, 5 % Fett und je einem Prozent aus Mineralstoffen, Kohlenhydraten, Vitaminen besteht, der Rest des Volumens schließlich ist Wasser. Schweinekeulen sind mager, überaus schmackhaft und von guter Konsistenz, zum Pökeln und Räuchern deshalb geradezu ideal.

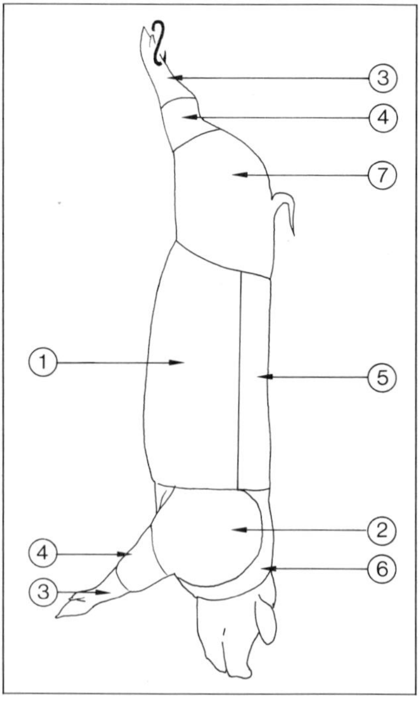

Zum Räuchern eignen sich aber auch die Schulter (Vorderschinken), der Bauch (Wammerl), die Hüfte. Nicht nur zur »fetten« Brotzeit, sondern auch als spätere Zutat bei der Verfeinerung von Pasteten, Umhüllung von Geflügel und Wild schadet es keinesfalls, auch einmal ein Stück Rückenspeck mitzuräuchern. Zum Lachsschinken wird der Schweinerücken verarbeitet. Und nicht zuletzt kann auch ein gut durchwachsenes Halsgratstück (Kamm) gepökelt und in den Räucherschrank gehängt werden.

Empfehlenswerte Fleischteile anderer Schlachttiere wie Kalb und Lamm sind für den Anfänger im Wesentlichen die Hinterkeulen, bei Rotwild oder Wildschwein auch das Filet.

Nicht ungenannt bleiben soll der Rindersaftschinken. Wird Fleisch einfach für Rinderrauchfleisch angeboten, so muß dies nicht unbedingt von der Hinterkeule sein. Bei nachfolgenden Grundbegriffen des Fleischräucherns steht aber das Schweinefleisch im Mittelpunkt.

Feinheiten bei der Fleischauswahl gibt es viele, entstanden aus langjähriger Erfahrung von meisterlichen Schinkenspezialisten. So kauft ein Schlachtermeister aus Kiel nur Hinterkeulen von Schweinen, wenn sie während des Transports nicht am Fleischerhaken hingen, denn beim Transport reißen die inneren Muskelfasern, und das soll seiner Meinung nach dazu führen, daß daraus nur »Gummischinken« wird.

Ohne Pökeln kein Räuchern

Der Rauch alleine tut's nicht! Salz war daher gerade dort, wo man es nicht hatte, also weder von Salzbergwerken noch vom Meer gewonnen werden konnte, gefragt wie »weißes Gold«. Die bekannten mittelalterlichen Handelsstraßen beweisen dies.

Ganze Kolonnen von Saumpferden mußten in Bewegung gesetzt werden, damit im Herbst in Gebieten, wie zum Beispiel in Böhmen, das schlachtreif gemästete Vieh zu Fleischvorräten für

Der Sur- oder Pökelkübel, aus Holz oder Steingut, steht am besten im Keller an einem luftigen, kühlen Platz.

die langen Winter verarbeitet werden konnte.

Das leicht verderbliche Fleisch wird durch die Behandlung mit Salz nicht nur gewürzt und geschmacklich verfeinert, sondern vor allem haltbar gemacht, das heißt, daß dadurch ein mikrobenhemmender Zustand hergestellt wird. Durch das Pökelsalz wird das Fleisch »umgerötet«, es nimmt die typische rötliche Farbe an. Nicht ausreichend gepökeltes Fleisch hat einen grauen Kern.

Gepökelt – oder bayerisch, österreichisch, südtirolerisch eingesurt – wird mit Kochsalz, Salpeter oder mit Nitrit-Pökelsalz. Und hier gibt es wiederum drei verschiedene Möglichkeiten: Trokken-, Naß- oder Spritzpökeln.

Trockenpökeln

Das Trockenpökeln wird in erster Linie dann bevorzugt, wenn ein ganzer Schinken oder ein größeres Fleischstück haltbar gemacht und anschließend luftgetrocknet werden soll. Die Oberfläche des Fleisches wird dabei mit einem Gemisch von Kochsalz und Pökelstoffen eingerieben. Das Verhältnis entspricht dabei etwa 99% Salz, 1% Pökelstoff. In das Pökelsalz gegeben werden dann auch die entsprechenden Gewürze, vor allem Pfeffer. In dieser Hülle des Konservierungsmittels lagern danach die Schinken auf luftdurchfluteten Stellagen oder aufgehängt in Kellern bis zu zwei Monaten, »trocknen« also in der Luft, werden aber teilweise auch in der Anfangsphase mit kaltem Rauch haltbar gemacht. Der Fleischsaft muß bei diesem Trockenpökelverfahren ablaufen können. Typische Vertreter der Trockenpökelung sind beispielsweise der Parmaschinken, der Holsteiner und Westfälische Knochenschinken. Doch nicht nur Salz, sondern auch Zucker kommt beim Trockenpökeln zur Verwendung. Sogar zu Traubenzucker wird hierbei gegriffen. Zum noch besseren, würzigen Geschmack werden zumeist auch noch gestoßene Wacholderbeeren, Koriander und oft Thymian hinzugegeben.

Bei der Trockenpökelung ist aber nicht nur das Lagern im aufgehängten Zustand oder auf Stellagen gebräuchlich. Auch in Steingut- und Holzfässern ist eine Trockenpökelung möglich. Dies setzt voraus, daß man den Boden und dann die einzelnen Fleischlagen mit Salz und Würzmittel bestreut (so im Schwarzwald und in Tirol). Wichtig ist bei dieser Art der Trockenpökelung, daß man das Fleisch alle zwei Tage umschichtet und umdreht, um so eine gleichmäßige Einwirkung der Würze und damit ein gleichmäßiges Entziehen des Wassergehalts zu erreichen. Die Pökelzeit ist bei der Verwendung von Kübeln mit etwa vier Wochen anzusetzen. Bei kleineren Fleischstücken, etwa bei Kilostücken, kommt man auch mit zwei bis drei Wochen aus. Der sich bei diesem Vorgang absondernde Pökelsaft sollte nach dem Pökeln abgeschöpft werden, das Fleisch aber in diesem Zustand noch zwei bis vier Tage ruhen. Diese Zeit wird fachmännisch mit »Nachbrennen« bezeichnet.

Beim Trockenpökeln ist es wichtig, daß im Anschluß daran der Schinken mit warmem Wasser gewaschen und dann noch einen Tag lang – bei öfterem Wasserwechseln – gewässert wird. Erst dann soll mit dem Lufttrocknen und

Räuchern begonnen werden. Vor dem Räuchern aber muß das Fleisch auf alle Fälle getrocknet werden, darf also keinesfalls im feuchten Zustand in den Rauch gehängt werden.

Das Naßpökeln

Ähnlich wie beim Trockenpökeln wird auch beim Naßpökeln das Fleisch mit der Pökelsalzmischung und Gewürzen eingerieben und anschließend in Steingut- oder Holzfässern – letztere sind bei gewerblicher Verwertung aus hygienischen Gründen nicht erlaubt – gelagert, allerdings naß, das heißt in einer Pökellake. Zwischen die einzelnen Fleischschichten wird – je nach geschmacklicher Bevorzugung – eine Schicht aus Knoblauch, Zwiebeln, Wacholderbeeren, Pfeffer, Zucker usw. gegeben. Bevor man das gesamte Räuchergut abdeckt, ist darauf zu achten, daß die Lake so ausreichend ist, daß sie das Fleisch vollständig »überflutet«. Die mit der Zeit auch nach oben hin überquellende Lake muß rechtzeitig abgeschöpft werden, damit keine Fäulnisherde entstehen können.

Die Pökellake soll, so eine Faustregel, im Verhältnis 100:11 angesetzt werden. Mit anderen Worten gesagt, werden rund einem Liter Wasser 100 g Pökelsalz und 10 g Zucker beigemischt. Nach der Pökelzeit von zwei bis drei Wochen, je nach Gewicht und Größe der einzelnen Fleischstücke, wird das Pökelgut gut mit warmem Wasser gesäubert und dann an die frische, keinesfalls stickige Luft, natürlich geschützt vor Insekten, gehängt, bevor man es dem Räucherschrank oder dem Räucherkamin zuführt.

Die Lakeschärfe kann mit Hilfe eines Lakemessers exakt nach Prozenten bestimmt werden. Ein Lakemesser ist ein Spindelstab, der beim Eintauchen in die Lake die Dichte des Salzgehalts ablesen läßt. Nur für den gewerblichen Bedarf rentiert sich die Anschaffung eines mit einer Sonde ausgestatteten, elektronisch arbeitenden Lakemessers.

Schnellpökelverfahren: das Spritzpökeln

Beim häuslichen Räuchern wird das Spritzpökeln in der Regel nur selten angewandt, sondern in erster Linie von den gewerblichen Schlächtereien, die auf schnellen und wirtschaftlich gewinnbringenden Umsatz angewiesen sind. Mittels einer Lakespritze – erhältlich in Metzgereibedarfsgeschäften – wird dabei eine Muskelsalzung im Abstand von etwa 5 cm quer zu den Muskelfasern vorgenommen, also eine »intramuskuläre« Pökelung. Dabei werden dem Fleisch 10–20% – im Verhältnis zum Fleischvolumen gerechnet – an Lake direkt zugeführt.

Die Hohlnadeln dieser speziellen Lakespritzen haben seitliche Öffnungen, durch die dann die in warmem Wasser aufgelöste Salz-Zucker-Kombination in ähnlicher Mischung wie bei der Naßpökelung beschrieben, in die Muskeln verabreicht wird. Das Schnellpökelverfahren eignet sich in erster Linie für Räucherwaren, die zum alsbaldigen Verzehr bestimmt sind. Aber auch nach dem Spritzen ist es ratsam, das so präparierte Fleisch wenigstens zwei bis drei Tage dem vorher beschriebenen Naßpökeln im Fleischfaß zu unterziehen.

Salpeter als Umrötungshilfe bei Schinken und Rohwürsten

Salpeter, Natrium- und Kaliumsalze der Salpetersäure (Kaliumnitrat), wird als Umrötestoff bei der Herstellung von Rohschinken, die aus mehr als einem Teilstück bestehen, und bei langgereiften Rohwürsten (eingeschränkt) verwendet. Es wird als farblose Kristalle oder als weißes, trockenes, an der Luft beständiges Pulver gehandelt. Die Salpetersäure ist eine starke, oxidierend wirkende Mineralsäure.

Diese Umrötehilfsmittel fördern den Ablauf der Umrötung von Fleisch, Fleisch- und Wurstwaren.

Unter »Umrötung« versteht man eine komplexe chemisch-enzymatische Umsetzung in Fleisch- und Wurstwaren, bei denen aus dem Myoglobin durch Reaktion mit Nitrit (oder Nitrat nach vorheriger mikrobiell-enzymatischer Reduktion zu Nitrit) der hitzestabile Farbstoff Nitrosomyoglobin gebildet wird und der erhitztem gepökeltem Fleisch die typische blaßrosarote Farbe verleiht.

Wichtige Regeln für das Pökeln

Gefragt sind Fässer

Ob man nun Räuchergut hat, das naß oder trocken gepökelt werden soll: ein Faß ist dafür der stets richtige Behälter. Und ob dieses Faß aus Holz oder vielleicht noch besser aus Steingut sein soll, darüber kann man zwar geteilter Meinung sein, was aber beide auszeichnen sollte, ist ein hygienisch einwandfreier Zustand. Für kleinere Mengen werden oft auch Plastikkübel und -wannen verwendet, doch werden da und dort Stimmen laut, daß dies vielleicht geschmacksmindernd sein könnte. Keinesfalls jedoch sind Zinkeimer zu empfehlen.

Bei einer Pökelung bzw. bei einem »Einsuren« in einem Holzfaß soll dieses rechtzeitig gesäubert und auf seine Dichtheit hin geprüft werden. Denn fließt etwa beim Naßpökeln Lake aus und kommt es dabei zum Austrocknen einer Fleischschicht, ist das Ergebnis auf alle Fälle gefährdet, und es kann sogar passieren, daß das eingelegte Fleisch innerhalb kürzester Zeit verdirbt.

Abgeschlossen werden alle Behältnisse mit einem Holzdeckel. Darüber, als Schutz vor Insekten oder Staub, sollte noch zusätzlich ein Tuch gebreitet werden. Dann kann das ganze bei der Naßpökelung mit einem schweren Stein eingeschwert werden.

Damit darf aber die Sorgfalt während der Tage der Pökelung nicht zu Ende sein. Am besten soll täglich nachgesehen, der übertretende »Saft« abgeschöpft werden, damit über dem Surdekkel keine übel riechenden Fäulnisherde entstehen. Sauberkeit ist beim Schlachten, Pökeln wie dem späteren Räuchern das oberste Gebot, das vor Enttäuschung, finanziellen Verlusten und gesundheitlichen Schäden schützt.

Wohin mit dem Pökelfaß und dem Fleischkübel?

In tiefen, dunklen, keinesfalls aber stikkigen Kellern stehen sie gut: das Pökelfaß oder der Fleischkübel, und zwar be-

Bereits vor dem Einpökeln müssen die einzelnen Schinken oder Fleischranken mit einer speziellen Fleischnadel aufgefädelt werden, um sie dann unmittelbar nach dem Einpökeln, Einsuren, in den Rauch hängen zu können.

vorzugt in jenen Monaten, die ein R in ihrem Namen führen. Mit anderen Worten, in der kühlen Zeit, ab September bis hinein in den April läßt es sich gut räuchern und selchen.

Nur in dieser Zeit weisen Keller oder die im Erdgeschoß gelegenen Vorratsräumlichkeiten pökelverträgliche Temperaturen von weniger als 12°C auf.

Doch diese auch »weinfreundlichen« Temperaturen sind nur die eine Seite der empfehlenswerten Voraussetzungen für eine sichere Fleischpökelung. Unverträglich sind für Fleischkübel und das Pökelfaß modrige Keller, aber auch die Nachbarschaft von Öltanks oder Keller mit Sauerkrautfässern oder Obst und Gemüse. Diese sind für das Pökelgut ungeeignet wegen der unvermeidbar vorhandenen Milchsäure- und Fäulnisbakterien. Wenn sich gar der Schimmel an den Wänden hochfrißt, dann ist das Fehlergebnis in den meisten Fällen vorprogrammiert. In trockenen, luftdurchfluteten Vorratsräumen mit konstanten Temperaturen von 5–12°C und einer Luftfeuchtigkeit bis 75% hat das Sur-, Fleisch- oder Pökelfaß, oder wie immer man landschaftsbezogen dazu sagen will, den richtigen Platz, der außerdem dunkel und vor allem geschützt vor Insekten aller Art sein soll.

Die Lake

Lakekonzentration

Richtwerte für die Lakekonzentration wurden schon genannt. Je nach dem Pökelverfahren kann sie aber sehr unterschiedlich sein. Wer genaue Werte ermitteln will, kann diese mit einem Lakemesser exakt bestimmen. Dabei ergibt sich, daß beispielsweise eine eingrädige Lake entsteht, wenn einem Liter Wasser 8 g Salz beigegeben werden. Analog dazu besteht eine zehngrädige Lake aus 80 g Salz auf 1 l Wasser. Bei der Zugabe von Gewürzen sollten diese pro kg Fleisch keinesfalls 10 g überschreiten, ganz gleich, ob Wacholderbeeren, Knob-

Die Lake muß im Pökel- oder Surkübel auf alle Fälle »überschwemmig« sein, das heißt, alles Fleisch – oder auch der Fisch – muß mit der Lake gut überflutet sein.

lauchzehen, Lorbeerblätter, Pimentkörner, Estragon, Koriander oder Salbei bevorzugt werden. Ratsam ist auch, die Lake vor dem Zusetzen zum Räuchergut aufzukochen, was bakterienhemmend wirkt.

Pökeldauer

Ganz unterschiedlich kann die Dauer der Pökelung selbst sein. Während man eine große Hinterkeule gut vier Wochen einlegen muß, reichen beim Bauchspeck zwei bis drei Wochen, bei Wild und Geflügel eine Woche. Die Stärke des Fleischstückes, Fettgehalt, Fleischkonsistenz sowie das Verhältnis der Lakekonzentration bestimmen die Pökeldauer. Am besten ist es, wenn man vor dem Räuchern den Geschmack des Pökelfleisches durch den Verzehr eines Stückes als Braten testet, denn dabei stellt sich der Geschmack schnell heraus und man weiß vor allem, ob die Pökelung auch bis ins Innerste vorgedrungen ist oder nicht.

Die Würze macht's

Salz ist beim Pökeln nicht allein das »Salz in der Suppe«. Für das Räuchern mit »eigener Note« können verschiedene, auf alle Fälle aber harmonisierende Gewürze in Erfahrungsmengen verwendet werden, die eben die Individualität der Hausräucherei aus dem Allerlei des Konsumangebots der Großräuchereien hervorheben.

Es ist sehr schwierig, exakte und verbindliche Mengenangaben vorzuschreiben, denn letztendlich entscheidet der persönliche Geschmack. In der Regel aber sollen zum Pökeln folgende Gewürze vorhanden sein: Salz, Konservensalz oder Salpeter, Pfeffer, Majoran, Zucker, Wacholder, Kümmel, Lorbeerblätter, Zwiebel und Knoblauch, Koriander und vielleicht auch ein Schuß Essig. Frische ist auch hier das Beste, was man seinem Rauchfleisch antun kann. Vorsicht gerade beim Einpökeln vor angeschimmelten Würzmitteln, die das Ergebnis verderben könnten.

Gewissenhafte Hygiene ist oberstes Gebot

Ist schon das Abspülen von Eßgeschirr keine besonders erquickliche Arbeit, so wird jeder Hobbyräucherer beim Säubern der Räuchereinrichtungen ein wenig stöhnen. Doch was sein muß, muß sein. Wenn auch Rauchkucheln oder Räucherkamine keiner speziellen Reinigung bedürfen, außer der Fett- und Pechbeseitigung, sofern man darin immer nur ein- und dasselbe, das heißt entweder Fleisch und Wurst oder ausschließlich Fische räuchert, so ist bei den Räucherhaken wie auch Räucherschränken hingegen größte Sauberkeit gefordert.

Am besten geht man da mit heißem Wasser vor, dem ein normales, im Handel erhältliches Reinigungsmittel zugesetzt wird. Nachdem man die Haken eingeweicht bzw. die Innenseiten der Räucherschränke ein bißchen angeweicht hat, verwendet man am besten eine Wurzelbürste zum Säubern, um so die Fettrückstände zu beseitigen, der Rußbeschlag jedoch kann getrost bleiben.

Speziell für Haken werden Reinigungslösungen angeboten, die in Reformhäusern, Drogerien, Supermärkten erhältlich sind. In eine den Gebrauchsanleitungen zu entnehmende Lösung werden hier die Haken zur Desinfektion und Reinigung eingelegt.

Desinfektion

Der Desinfektion mit chemischen Mitteln fällt die Aufgabe zu, Fäulniskeime zu vernichten, die in Räumen und an Geräten vorhanden sind und die die Haltbarkeit von Fleisch und Fisch gefährden. Völlig fernzuhalten sind Fäulniskeime nicht.

Der Desinfektion muß jeweils eine gründliche Reinigung mit heißem Wasser und handelsüblichen Waschmitteln vorangehen. Damit werden grobe Verunreinigungen gelöst und ein Teil der Mikroorganismen bereits abgetötet. Jedem Desinfektionsmittel muß eine bestimmte Einwirkungszeit (mindestens fünf Minuten, besser aber länger) zugestanden werden. Die Konzentration ist bei den meisten Präparaten mit 1 % angegeben, die optimale Temperatur der Lösungen liegt zwischen 50 und 60 °C. Nach der Einwirkung müssen die Desinfektionsmittel durch Nachspülen mit reinem Wasser wieder vollständig entfernt werden. Die gebräuchlichen chemischen Desinfektionsmittel sind ihrer Zusammensetzung nach Hypochloride, quarternäre Ammoniumbasen und Amphotenside. Die Anforderungen, die an

So richtig zum Reinbeißen: der in Wochen gereifte Schinken, der nach vielerlei Rezepten zubereitet und geräuchert werden kann.

sie gestellt werden, sind: breites Wirkungsspektrum auf möglichst viele Keimgruppen, Ungiftigkeit, Geruchlosigkeit, keine Korrosion von Werkstoffen, keine Abwasserbelastung und kein Wirkungsverlust bei der Lagerung.

Eine besondere Gruppe von Desinfektionsmitteln stellen die Fungizide, Mittel zur Bekämpfung von Schimmelpilzen, dar. Die Fungizide werden entweder gezielt gegen Schimmelpilzwachstum oder vorbeugend durch Beimischen in Anstrichfarben für Wände, Mauerwerk, Geräte usw. eingesetzt.

Zur zusätzlichen Reinigung der Türdichtungen und der Dichtflächen am Schrank kann auch eine Behandlung mit Hirschtalg und Silikonspray nicht schaden. Damit wird ein Zukleben des Räucherschrankes und somit beim Aufmachen eine Beschädigung der Dichtungssätze vermieden.

Sauberkeit des Arbeitsplatzes

Alle Arbeitsplätze beim Richten des Räuchergutes sowie die dabei verwendeten Gerätschaften müssen unbeschädigt und auf jeden Fall rostfrei sein. Holz (Tische, Fleischbänke) müssen naturbelassen sein und nach Abschluß der Arbeiten fein säuberlich abgespült und abgebürstet werden.

Schinken lagern

Ist dem Schinken durch Pökeln und Räuchern eine einigermaßen verläßliche Haltbarkeit »eingeimpft« und »zugeräuchert«, bleibt nur noch die Frage offen, wie lange diese garantiert wird.

In den kühlen Wintermonaten bereitet dies sicher weniger Kopfzerbrechen; anders dagegen die Situation in den wärmeren und heißen Monaten des Jahres. Als Faustregel muß gelten, daß die Aufbewahrung, am besten in den Räucherschränken selbst, bei Temperaturen unter 12°C erfolgen soll. Wird es wärmer, dann besteht sogleich die Gefahr, daß vor allem fettreiche Schinken zu tropfen beginnen und ranzig werden. Zudem sollte die Aufbewahrung keinesfalls in stickigen Räumen erfolgen, denn das könnte wiederum zur Schimmelbildung führen.

Wer sich an diese Regel hält, kann Geräuchertes bis zu zwei Monate – bei kälteren Temperaturen auch bis zu drei aufbewahren, sofern garantiert ist, daß der »Fleischschrank« auch sicher vor Fliegen und Insekten aller Art geschützt ist.

Die vorgenannten Empfehlungen gelten nur für Rohschinken. Kochschinken, der heiß geräuchert ist, sollte entweder in Ein- bis Zwei-Wochenfrist verzehrt oder eingefroren werden.

Doch auch Rohschinken wird vielfach eingefroren. Selbst wenn man einen optimalen Aufenthaltsort und kühle Temperaturen bieten kann, so ist es doch so, daß mit langer Aufbewahrungszeit die Gefahr der Austrocknung besteht, und das Rauchfleisch so hart wird, daß es vor dem Verzehr abgekocht werden muß, um das oft beinhart gewordene Fleisch besser aufschneiden und als Brotzeit anbieten zu können. Mit dem Einfrieren wird dagegen das Austrocknen vermieden. Geräuchertes sollte aber keinesfalls länger als drei Monate in der Tiefkühltruhe liegen.

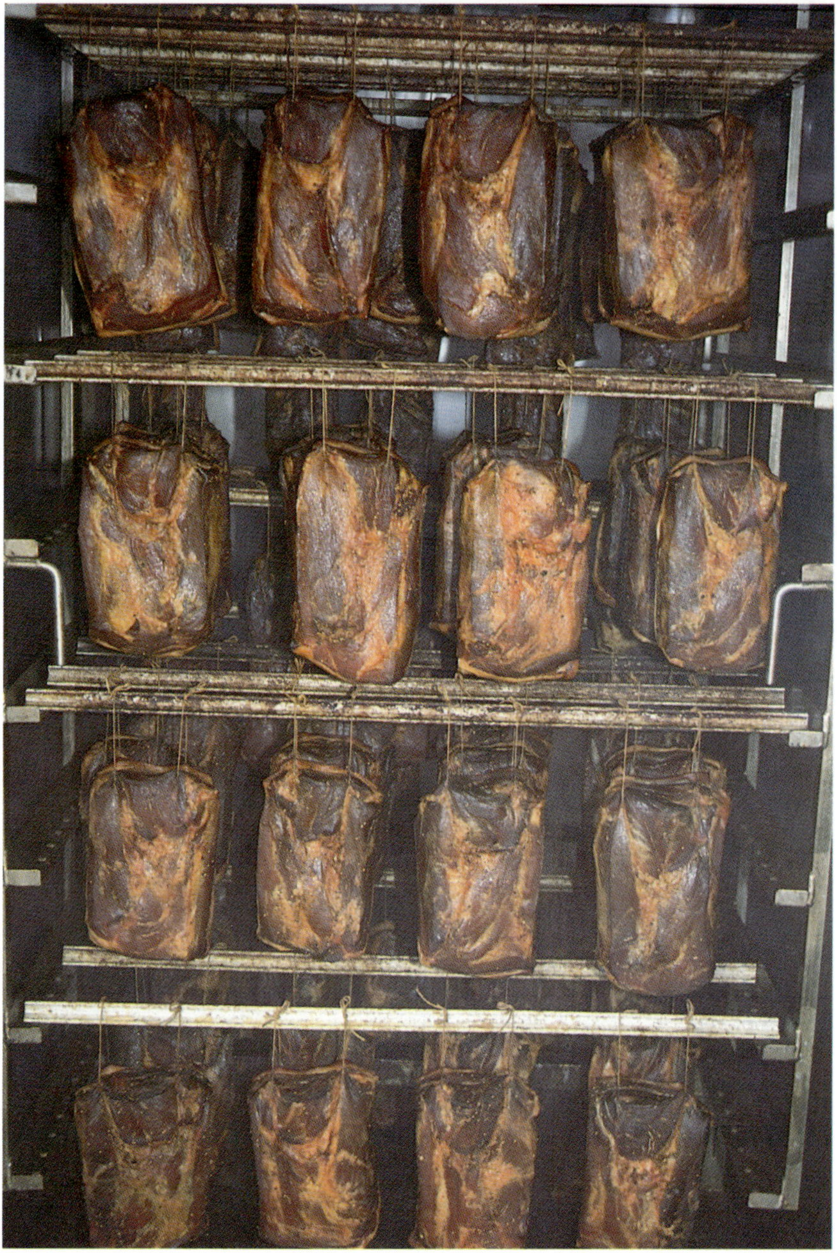

Klassische Schinkenspezialitäten

Schinken mit ausgelöstem Knochen

Das sind die großen Schinken-Herrlichkeiten von Südtirol, des Schwarzwaldes, der Ardennen, von Coburg oder Niederbayern. Zur Vorbereitung dieses Ganzschinkens muß das Fleisch gut ausgeblutet, abgelagert und gekühlt sein. Der Schloß- und Schwanzknochen wird ausgelöst, zu üppiger Speck wird entfernt. Das Pökeln geschieht mit einer Kochsalz- und Salpetermischung, mit der der Schinken eingerieben wird. Während der vierwöchigen Pökelzeit werden die Schinken mit der gut 20 %igen Lake regelmäßig übergossen. Im Anschluß daran ist ein mehrstündiges Wässern wichtig, bevor der Schinken gut abgerieben und dann zum Kalträuchern bei etwa 20 bis 30 °C in die Räucherkammer gegeben wird.

Südtiroler Bauernspeck, der bei etwa 20 °C, teils auch mit Nadelholz, geräuchert wird, ist im Geschmack besonders kräftig gewürzt vom Rauch her, weil nicht intensiv, fein abgestimmt. Erst wenn er ein halbes Jahr luftgetrocknet abgehangen ist, erreicht er seinen besten Geschmack. Er wird fein aufgeschnitten zum Rotwein gereicht.

Schwarzwälder Schinken ist gut gesalzen bei 30 °C und starker Rauchentwicklung haltbar gemacht. Teilweise wird auch hier Nadelholz bevorzugt. Es wird hierzu vor allem Fleisch mit einer schönen Färbung, was sich dann auch im Räuchergut zeigt, bevorzugt.

Ardenner Schinken ist eine belgische Spezialität, die von naßgepökeltem Kernschinken stammt und im kalten Rauch ihre Haltbarkeit bekommt. Bevorzugt wird hier in erster Linie äußerst mageres Fleisch.

Coburger Schinken ist ebenfalls ein Produkt der Kalträucherung bei 20 bis 30 °C in Hartholzrauch. Das magere Stück ist bevorzugt.

Niederbayerisches Schwarzgeräuchertes wird abweichend von den vorherigen Räuchermethoden bei 40 bis 60 °C in den Rauch gehängt. Dabei aber werden nicht ganze Schinkenstücke in den Rauchfang gehängt, sondern sogenannten »Schnitzen« oder »Ranken« mit einem Gewicht von einem bis zu drei Kilogramm. Das Pökeln, bayerisch »Einsuren«, wird in einem Holzfaß, besser in einem Eichenholzbottich, zwei bis drei Wochen vorgenommen, wobei an Würzmittel (Knoblauch, Zwiebeln, Wacholderbeeren, Pfeffer, Salz, Zucker usw.) nicht gespart wird.

Katenschinken ist gewissermaßen ein Sammelbegriff norddeutscher Schinken, die nicht unähnlich dem Rezept des Schwarzwälder Schinkens sind. Zumeist wird hier im gewerblichen Bereich die Spritzpökelung bevorzugt.

Lachsschinken wird aus dem Kernstück der Kotelettfleischstränge ausgelöst, eine Woche lang gepökelt und dann gewickelt. Im Kaltrauch werden dann diese Schweinerückenstücke haltbar gemacht. Eine Spezialität ist der Pariser Lachsschinken aus sehnenfreien Filetkotelettstücken. Bei dieser Zubereitung werden die Kotelett-Kernstücke in Speckscheiben eingewickelt und dann mit sogenannten »Goldschlägerhäutchen« umhüllt. Die Räucherdauer ist eine Erfahrungssache; auf alle Fälle verkürzt sie sich auf weniger als drei bis vier Tage.

Kasseler Rippenspeer, bevorzugt zum Brotzeitmachen, wird aus den Kotelettsträngen gewonnen, mit milder Lake gespritzt und anschließend dann der Heißräucherung unterzogen.

Schinkenspeck kann eine Brotzeit ebenfalls überaus bereichern. Er entsteht, indem man das Hüftstück eines Schweins gepökelt in den kalten Rauch hängt.

Nußschinken ist das Kernstück des Schinkens und daher von hervorragender Qualität, mager und im gewerblichen Bereich meist im Schnellpökelverfahren dem Heißräuchern zugeführt.

Knochenschinken

Westfälischer Räucherschinken, zumeist mit Buchenholzrauch und bei Höchsttemperaturen bis zu 25 °C geräuchert, ist er ein typischer Vertreter des Knochenschinkens. Man schätzt beim Essen die ausgeprägte Würze, die Milde des Fleisches und den unverkennbar wohlriechenden Rauchgeschmack.

Katenrauchschinken nach holsteinischer Art, Ammerländer Dielenrauchschinken und Heideschinken sind geschmacklich miteinander verwandt. Auch hierbei wird der Rauch von Buchenholz bevorzugt; die Temperatur liegt während des gesamten Räucherprozesses unter 20 °C.

Die Luftgereiften

Parmaschinken. Die bekanntesten und wohl erlesensten Vertreter der luftgereiften Knochenschinken des Auslands sind der Parmaschinken und der San Daniele Schinken aus Italien. Die Zeit der Pökelung, Lufttrocknung und damit Reifung nimmt nicht selten mehr als zwölf Monate in Anspruch.

Bayonner Schinken, der typische Pyrenäenschinken, ist dem Parmaschinken ähnlich. Auch er benötigt zu seiner vollen Reife eine Zeit von gut neun Monaten.

Rezepte

Dieses Kapitel kann nur unvollständig sein, denn sogar in einem einzigen Landstrich, ja sogar in einem Dorf gibt es an Pökel- und Räucherrezepten eine Erfahrungsfülle, die von Generation zu Generation weitervererbt und immer wieder variiert wird. Es kann auch nicht das Ziel sein, klassische Schinkenspezialitäten nachzumachen, sondern vielmehr durch Anregungen den Leser zu eigenen Hausrezepten zu führen.

Geräuchertes vom Schwein

Räucherspeck ungarisch

Dafür kauft man Rückenspeck, der (auf 1 kg gerechnet) mit 100 g Salz eingerieben, in einem kalten, geruchfreien Keller aufbewahrt, zwischendurch vielleicht nochmals neu eingerieben werden soll, um diese Prozedur dann zwei Wochen durchzuhalten. Beim Einreiben darf

Ein besonderes Zeremoniell stellt das Einhängen des gepökelten Fleisches in die Räucherkammer dar, die zumeist ihren Platz im Dachboden eines Hauses hat. Hier werden dann der scharfe Geruch des gepökelten Fleisches und der feine Rauchgeschmack gepaart.

man die Beigabe von gut vier Eßlöffeln Paprika nicht vergessen. Anschließend soll der Speck gewaschen, abgetrocknet, nochmals leicht mit Paprika eingerieben werden und drei Tage im kalten Rauch hängen.

Wacholdergeräuchertes

Pro kg Fleisch bereitet man ein Würzgemisch aus 50 g Salz, 1 g Salpeter, 10 g Zucker und 10 g gestoßenen Wacholderbeeren vor. Und nicht zu vergessen: eine Knoblauchzehe. Das abgetrocknete Fleisch wird damit eingerieben, ins Pökelfaß gelegt, aufgeschichtet, mit einem Tuch abgedeckt und eingeschwert. Nach drei- bis vierwöchiger Pökelzeit sollte eine mindestens ebenso lange Kalträucherzeit mit Wacholderspänen folgen.

Naßgepökeltes Wacholderrauchfleisch

Damit sich's auch rentiert, sollten 25 kg Fleisch in eine Pökellake von 20 l Wasser, 2 kg Salz, 20 g Salpeter, 200 g zerstoßenen Wacholderbeeren, 10 Knoblauchzehen und 200 g zerstoßenem Kandiszucker eingelegt werden. Die Würze der Lake ist zu kochen und dann in erkaltetem Zustand über das im Pökelfaß eingelegte Fleisch zu gießen. Abdeckung auch hierbei mit einem Küchentuch, das mit einem Holzdeckel eingeschwert wird. Drei Wochen Pökelzeit und drei Wochen Warmrauch sind zur Haltbarmachung unabdingbar.

Lachsschinken

Zur Lachsschinkenherstellung ist ein ganzes Stück Kotelettgrat zu besorgen, das von der Schwarte befreit und vom Knochen gelöst werden muß. Über dem mageren Fleisch sollte aber gut ein daumenbreit Speck belassen werden. Das restliche Fett wird später, mit Salpeter eingerieben, um den »Schinken« gewikkelt. Das so vorbereitete Fleischstück wird in eine Lake von etwa 4 l Wasser, 500 g Salz, 5 g Salpeter und 100 g Kandiszucker (zerstoßen) eingelegt. Auch hierbei wird die Pökellake zuvor erhitzt, aber erst im ausgekühlten Zustand dann in den Pökelbehälter gegossen, wo der Schinken eine Woche lang auf das einwöchige Kalträuchern vorbereitet wird. Zwischen dem Pökeln und dem Räuchern soll der Lachsschinken luftgetrocknet werden.

Spritzgepökelter Landschinken

Dafür eignet sich Schinken mit Speck und Schwarte aus Unterschale, Nuß und Hüfte, der dann mit einer Pökellake aus folgender Substanz gespritzt wird, wobei die Einspritzmenge etwa 15 bis 20 % der Fleischmenge ausmachen soll. Das Grundverhältnisrezept besteht aus 1 l Wasser, 100 g Nitritpökelsalz, 100 g Metzgerwürze (erhältlich nur in Fachgeschäften), 10 g flüssigem Wacholder und 5 g Knoblauch-Würzsalz. Ein Teil dieser Lösung wird mit einer Injektionsspritze in 5 cm Abstand in das Fleisch gespritzt. Weitere drei Tage ist das Einlegen in die Lake aus obigem Konzentrat zu empfehlen.

Im Anschluß daran muß das Räuchergut gewaschen, gewässert, einen Tag in einem kühlen Raum luftgetrocknet und dann bei einer Temperatur von über 85 °C heißgeräuchert werden.

Feiner Pfefferschinken

Hierzu empfiehlt es sich, ausgesucht schöne Schinkenstücke zu verarbeiten, die dann, auf 10 kg Fleisch gerechnet, mit 500 g Pökelsalz, 1 Eßlöffel Zucker, 5 Eßlöffeln in einer Pfeffermühle geriebenem schwarzem Pfeffer, 20 Knoblauchzehen gut eingerieben werden. Nach einer vierwöchigen Pökelzeit in kühlem Raum soll das Fleisch abtrocknen, später nochmals kurz gewässert werden. Bevor das mit einem Küchentuch abgetupfte Fleisch in den Kaltrauch kommt, sollte man die einzelnen Fleischstücke erneut in geschrotetem Pfeffer wälzen. Auch beim anschließenden Kalträuchern von drei Wochen sollte man ab und zu eine Beigabe von geriebenem schwarzem Pfeffer in die Räucherspäne werfen.

Geräucherter Schweinebauch

Ein Stück gut durchwachsener Schweinebauch wird in 3 cm dicke Scheiben geschnitten und je kg Fleisch einen halben Tag lang in eine Lake von 2 l Wasser, 50 g Salz, 50 g Zucker, 1/2 Teelöffel Pfeffer bei Kühlschranktemperaturen eingelegt.

Anschließend sollen die Fleischstücke gut abtrocknen, bevor sie zum Heißräuchern auf einen Rost in einem Räucherofen gelegt werden. Der Räucherprozeß wird hierbei eine Zeit von ein bis zwei Stunden in Anspruch nehmen. Dieses Rezept eignet sich für Kleingeräte.

Fränkisches Rezept

Lake mit Salz, mehreren Knoblauchzehen, feingeschnittenen Zwiebeln, Lorbeerblatt, Pfefferkörnern und etwas Zucker so ansetzen, daß ein rohes Ei darin schwimmend gerade die Oberfläche berührt, das heißt, bis zu dieser Konsistenz muß mit Salz aufgefüllt werden. In einem Tongefäß werden Fleischstükke so eingedrückt, daß die Flüssigkeit alles gut bedeckt. Notfalls wird ein Stein zur Belastung auf das Fleisch aufgelegt.

Die Fleischwaren dürfen nur kalt geräuchert werden, also nur mit Räuchermehl, wobei auf kleinste Wärmeentwicklung geachtet werden muß. Hier empfiehlt sich nur ein Räuchervorgang – also eine Füllung des Kastens mit Räuchermehl pro Tag –, der etwa 4 bis 5 Stunden dauert.

Rollschinken oder Speckseiten können vor oder nach dem Räuchern noch mit Paprika oder gestoßenem Pfeffer eingepudert werden.

Rauchfleisch, Rippchen, Rollschinken, Speck nach fränkischer Art

Man legt diese Stücke in eine Lake ein, die wie folgt angesetzt wird: Für 10 bis 12 kg Fleisch: 750 g Salz, 125 g Kandiszucker, 5 l Wasser, 2 Lorbeerblätter, 8 Pfefferkörner, 5 Nelken, 20 Wacholderbeeren, 2 Zwiebeln, 1 Eßlöffel Koriander.

Bis auf das Salz werden alle Zutaten mit dem Wasser aufgekocht. Während dieser Zeit drückt man die Fleischstücke fest in das Salz ein und läßt sie in einem Steinguttopf oder einer Holzmulde liegen.

Nachdem die Lake abgekühlt ist, wird sie langsam über die Fleischstücke gegossen. Kleine Fleischstücke bleiben 2 bis 3 Wochen in der Lake, große Stücke 3 bis 4 Wochen. Nach dieser Zeit werden die Fleischstücke etwa 2 bis 3 Stunden gewässert, getrocknet und an Schnüren oder Haken zum Trocknen aufgehängt. Sind die Fleischstücke gut trocken, werden sie an Fleischhaken in das Oberteil des Räucherofens eingehängt und geräuchert.

Lamm und Geflügel

Geräucherter Lammrücken

Wenigstens 2 kg soll er schwer sein, der zum Räuchern empfehlenswerte Lammrücken. Drei bis vier Tage soll er in einer Salzlake aus 8 l Wasser, 300 g Salz, einem guten Dutzend zerstoßener Wacholderbeeren und einem halben Eßlöffel Paprika gepökelt werden.

Doch damit sind die Vorbereitungen noch nicht zu Ende. Nach dem Einlegen reibt man den Rücken mit einem Küchentuch sauber, enthäutet ihn und reibt ihn dann nochmals mit einem Gemisch aus kleingehackten Zwiebeln, Knoblauch, Salz und Pfeffer, sowie mit Majoran ein. Es schadet nicht, wenn der Lammrücken dann, eingeschlagen in ein Leinentuch, an einem kühlen Ort noch gut einen halben Tag ruht. Vor dem Räuchern in einem Heißräuchergerät sollte der Lammrücken zum Porenschließen heiß angebraten werden. Erst dann kommt er bei einer Anheiztemperatur von über 200 °C in den Räucherofen, wo er über der Räuchermehlglut über eine Stunde garen soll.

Heißgeräucherte Hühnerbrust

Die gut gesäuberte und getrocknete Hühnerbrust ist leicht mit Salz, Pfeffer und Paprika einzureiben und dann auf den Rost des Räucherofens zu legen, der bereits vorgeheizt werden soll. Bei Temperaturen von rund 200 °C erreicht man in einer guten halben Stunde den besten Räuchereffekt.

Heißgeräucherte Truthahnkeule

Vorteilhaft für das spätere Servieren ist es, wenn man die Truthahnkeule bereits vor dem Einlegen in die Lake entbeint. Die Keule ist dann mit Salz, Pfeffer, Zitrone einzureiben und in eine Lake, die mit Zwiebeln, Petersilie und vielleicht einem Schuß Rotwein angereichert ist, über Nacht einzulegen. Im Heißräuchergerät reicht bei einer Temperatur von 200 °C eine Garzeit von einer Stunde.

Geräucherte Gänsebrust

Der Versuch lohnt sich bestimmt, auch wenn das Räuchergut nicht billig ist: geräucherte Gänsebrust ist ein Hochgenuß.

Die Vorbereitung dazu ist eine Lake aus 1 l Wasser, 100 bis 150 g Salz, 10 g Zucker, 1 g Salpeter und einer zerhackten Knoblauchzehe. Dies sollte man einmal leicht aufkochen lassen; der Salpeter wird erst später dazugegeben. Ist der Sud abgekühlt, wässert man damit die Gänsebrust ein und gibt darüber einen Hartholzdeckel, der beschwert werden sollte, um so alles ständig unter der Pökellake zu halten. Acht Tage sollte dann das Einpökeln und anschließend ebenfalls das Räuchern dauern.

Im Jahre 1741 wird zum Gänseräuchern (»Zedlers Großes Universal-Lexikon aller Wissenschaften und Künste«)

empfohlen: »Die Gänse muß man erstlich brav fett mästen, hernach, wenn sie geschlachtet, einsaltzen, einen Tag oder acht im Saltze stehen lassen, hierauf dieselben in Leinwand nähen, in die Feuermäuer hängen, und darinnen etwan vierzehen Tage, nachdem viel oder wenig Rauch ist, hängen lassen, auch zu Zeiten darnach sehen.«

Und im »Kurzpfalzbaierischen Intelligenzblatt« des Jahres 1786 steht geschrieben: »Die Gänsebrüste, oder auch ganze, so auf den Rücken abgeschnitten werden, läßt man vier Tage im Salz liegen, bis solches geschmolzen und mit diesem Salzwasser werden sie täglich ein paarmal begossen, nachdem hängt man sie 14 Tage bis 3 Wochen in gelinden Rauch. Ehe man aber sie räuchert, werden sie in Papier gewickelt, und in alte dünne Leinwand geneht. Auf sechs Stück Gänse nimmt man einen starken Messerspitze voll Salpeter zum Salz.«

Rauch- und Trockenfleisch vom Wild

Eine wahre Delikatesse stellt Rauch- und Trockenfleisch vom Wild dar. Während man im Schwarzen Erdteil dafür das Fleisch von Kudu und Oryx bevorzugt, kommen in europäischen Gefilden vor allem das Rotwild, Gemsen, Elch und Rentier in Betracht.

Geräuchertes Wild, hier auf dem Bild sogar von einem afrikanischen Oryx, dürfte selbst für den verwöhntesten Gaumen ein Hochgenuß sein.

Auf alle Fälle muß in der Vorbereitungsphase das erlegte Tier die Nacht über in der Decke abgehangen sein. Als die besten Stücke zur Bereitung von Rauch- und Trockenfleisch gelten natürlich die Keulen und auch der Teil der vorderen Rückenpartie.

Nachdem die Fleischstücke den Muskelpartien entsprechend portioniert sind, geschieht das Einlegen in irdene Töpfe wie auch in Holzkübel lagenweise. Beim Einpökeln (Trockenpökeln) werden die einzelnen Fleischteile mit Salz eingerieben und lagenweise mit gestoßenen Pfefferkörnern, Wacholder- und Lorbeerblättern, sowie Koriander und Rosmarin bestreut. Durch die Beschwerung mit einem über ein Holzbrett (Teller usw.) gelegten Stein tritt der Fleischsaft aus und vermengt sich mit dem Gewürz, wodurch die erwünschte Lake entsteht. Je nach Alter des geschossenen Wildes läßt man das Fleisch in einem kühlen und dunklen Raum etwa eine halbe Woche im eigenen Saft ziehen.

Nachdem das Fleisch den Fleischkübel oder Steintopf verlassen hat, muß es mit einem Küchentuch abgerieben, getrocknet und dann in den kalten Rauch gehängt werden.

Während man in Süd- und Südwestafrika das Rauchfleisch dann in längliche schmale Stücke, ähnlich unseren »Landjäger-Würsten« aussehend, schneidet und in den Wind hängt (hohe Lufttrockenheit!), ist in europäischen Landstrichen das scheibchenweise Aufschneiden angebracht, und für jede Tafel oder zur schmackhaften Brotzeit ein echter Leckerbissen.

Südländer und auch Afrikaner schwören auf gut abgetrocknetes Feigenholz als Räucherholz. Wichtig ist in den Sommermonaten, daß das Fleisch keinesfalls hohen Temperaturen aufgrund von Sonnenwärme ausgesetzt wird, denn das könnte innerhalb weniger Stunden zum Verderb führen.

Wer unbedingt auch in den heißen Monaten räuchern will, der muß – ganz gleich, ob im oder außer Haus – das Fleisch tagsüber aus der Räucherkammer nehmen und in einem kühlen Raum aufbewahren, um es abends, wenn es gut abgekühlt hat, erneut in den Rauch zu hängen.

Rauchfleisch vom Oryx (Gemsbock)

(Originalrezept von einer Farmersfrau aus Südwestafrika)

Fleisch in Stücke schneiden ohne Sehnen. Salz, Pfeffer und Koriander mischen und darin das Fleisch immer wieder wälzen, drei Tage lang. Dann 24 Stunden wässern. Das Wasser muß öfter erneuert werden. Nach 24 Stunden herausnehmen und aufhängen. Wenn das Fleisch außen trocken ist, in den Rauch hängen.

Was man sonst noch räuchern kann

Geräucherte Eier

Dazu eignen sich nur in Salzwasser hart gekochte Eier. Um sie gut schälen zu können, sollen sie nach dem Kochen mit kaltem Wasser abgeschreckt werden. Die geschälten Eier werden anschließend auf den leicht mit Öl eingepinselten Rost des Räucherofens gelegt. Bei

Temperaturen von gut 150 °C über den glimmenden Räucherspänen erreicht man in ungefähr zehn bis zwölf Minuten goldgelb geräucherte Delikatessen, die gleich warm oder später auch kalt gegessen werden können. Als Vorspeise wie zu einer Brotzeit sind geräucherte Eier eine echte Überraschung.

Geräucherte Kartoffeln

Im Kartoffelfeuer, in der Glut gegarte Kartoffeln sind für manchen eine Kindheitserinnerung. Gesünder und im Geschmack ganz ähnlich sind geräucherte Kartoffeln.

Junge, mehlige Kartoffeln werden gut gewaschen, gesalzen und in Heißräucheröfen auf dem Rost oder aufgespießt, bei etwa 180 °C 50 Minuten geräuchert. Schneller geht es, wenn man die Kartoffeln in Salzwasser vorkocht.

Das Räuchern von Würsten

Die konservierende Wirkung des Rauches kann auch bei der Haltbarmachung von Würsten voll genutzt werden. Auch hierbei sollen zur Raucherzeugung nur naturbelassene Hölzer, Zweige, Heidekraut und Nadelholzsamenstände zur Verwendung kommen.

Zumeist handelt es sich hierbei um eine Oberflächenkonservierung mit keimhemmender Wirkung. Es soll deshalb stets darauf geachtet werden, daß die Würste hängen und nicht auf Räucherstäben zu liegen kommen, denn im Bereich dieser Druckstellen kann der Rauch nicht gut einwirken, was zu partiellen Verderbniserscheinungen führen kann. Anders dagegen bei Rohwürsten, hier dringen die Rauchstoffe auch ins Innere der Wurst vor und machen die gesamte Rohwurstmasse bis in den Kern haltbarer.

Bei den heißgeräucherten Würsten konzentriert sich das Räuchern aber ebenfalls nur in den Außenbereichen.

Bakterizide, fungizide und antioxidative Bestandteile des Rauches schaffen es, daß dem mikrobiellen wie chemischen Verderb entgegengewirkt, also die Haltbarkeit geschaffen wird. Das Räucherprodukt wird dabei getrocknet und

Würsteräuchern – Wer bekommt da nicht gleich einen richtigen Brotzeit-Hunger? Bauernbrot und eine Halbe Bier dürfen dazu natürlich nicht fehlen.

gegart; es wird ein Reifeprozeß eingeleitet. Beim Wursträuchern werden die Naturdärme nicht nur gehärtet, sondern das Wurstbrät aromatisiert und nicht zuletzt die ganze Wurst entsprechend goldgelb bis schwarzbraun gefärbt.

Der Feuchtigkeitsgehalt des Rauches ist von großer Bedeutung, die Regulierung, z. B. durch die Zufuhr von Wasserdampf, ist aber nur im gewerblichen Bereich technisch notwendig.

Aus gesundheitlichen Gründen ist die Behandlung mit Rauch gesetzlich auf die Oberfläche beschränkt worden. Die direkte Zufuhr von Rauch in das Wurstbrät ist damit verboten.

In der Amtlichen Begründung 1973 war dazu ausgeführt: »Anlaßgebend für diese Anwendungsvorschrift ist das in letzter Zeit propagierte und in gesundheitlicher Hinsicht nicht bedenkenfreie Verfahren der direkten Einleitung von Rauch in das Wurstbrät während des Kutterungsprozesses. In diesem Zusammenhang wird nunmehr ausdrücklich klargestellt, daß in der vorgeschriebenen Weise geräuchertes Fleisch oder geräucherte Fleischerzeugnisse bei der Herstellung anderer Fleischerzeugnisse mitverarbeitet werden dürfen. Dies gilt beispielsweise für die Verarbeitung von geräuchertem Speck oder Schinken.«

Rohwurst, Brühwurst, Kochwurst

Wenn's um die Wurst geht, werden von ihrer Haltbarmachung her drei verschiedene Herstellungsarten unterschieden: die Rohwurst, die Brühwurst und die Kochwurst.

Rohwurst

Bei Rohwürsten erfolgt die Herstellung größtenteils aus rohem Fleisch und Speck ohne die Zugabe von Bindemitteln.

Die Haltbarmachung erfolgt hierbei allein durch die Trocknung, Reifung und das anschließende Räuchern. Dabei wird der Wassergehalt weitgehend entzogen.

Die Zugabe von Pökelsalz bei der Wurstbrätherstellung ist obligatorisch. Als Rohwürste gelten insbesondere Salamiarten, Cervelat, Landjäger, Mettwürste.

Brühwurst

Die Brühwürste können neben rohem Fleisch und Speck auch Innereien und Pökelsalz enthalten. Brühwürste werden in heißem Wasser haltbar gemacht, so zum Beispiel Bierwurst, Mortadella, Gelbwurst.

Kochwurst

Bei Kochwürsten wird das Fleisch vorgekocht und dann mit ebenfalls gekochten Innereien, Speck und Schwarten zerkleinert und gekuttert. In Naturdarm gefülltes Wurstbrät wird dann gebrüht. Dazu zählen Leber-, Blut-, Sulz- und Rotwürste. Diese werden dann, vor allem zur Geschmacksverbesserung, bis zu einer Woche kaltgeräuchert.

Herstellung von Würsten

Bei allen Zubereitungen ist zu beachten, daß das Fleisch nicht verkocht verarbeitet wird, sondern noch einen »Biß« hat. Während Rohwürste nur leicht gewürzt und ohne Zwiebeln verarbeitet werden sollten, vertragen Kochwürste durchaus Zwiebeln und stärkere Würzzugaben. Das für Dauer- und Brühdauerwürste vorgesehene Fleisch soll zur Verarbeitung ausgekühlt sein. Der Speck ist vor der Verarbeitung zu Dauerware auf −5 °C abzukühlen.

Rohwurst darf nicht in Cellophandarm eingefüllt werden, sondern nur in Natur- oder Naturindarm. Sorgsam soll der Umgang mit Salpeter sein. 50 kg Fleisch vertragen nur etwa 30 g Salpeter. Vorsicht: wer der Wurst mehr zusetzt, muß damit rechnen, daß sie einen grauen »Stich« bekommt. Bei Salpeterzugaben ist daran zu denken, einem Gramm Salpeter einen Teelöffel Zucker beizumessen.

Welcher Rauch zu welcher Wurst

So unterschiedlich wie die Zutaten, die Würzung und die Verarbeitung der Würste sind, so unterschiedlich ist auch das Räuchern selbst. In der Regel kommen zum Wursträuchern vier verschiedene Räuchermöglichkeiten in Frage: das Kalträuchern und Feuchträuchern (bis 25 °C), das Warmräuchern (bis 45 °C) und das Heißräuchern (70 bis 80 °C).

Kalträuchern

Für dieses Räucherverfahren kommt in erster Linie die Dauerwurst in Frage. Der Vorteil hierbei ist, daß der Rauch über Tage hinweg in die Wurst eindringen kann, was eine nachhaltige Konservierung garantiert. Das ergibt eine gleichmäßige Färbung, bringt aber einen hohen Gewichtsverlust. Die Räucherdauer ist hier ganz unterschiedlich zu bemessen, soll jedoch keinesfalls unter zwei Tagen liegen.

Wichtig ist, daß die Frischluftzufuhr nicht gestoppt wird. Beim Räuchern von Kochwurst ist die Temperatur eher unter als über 20 °C zu halten.

Feuchträuchern

Das Feuchträucherverfahren, das in diesem Zusammenhang ebenfalls zu erwähnen ist, hat zum Ziel, durch erhöhte Luftfeuchtigkeit in der Räucherkammer den nötigen Trocknungs- und Reifeprozeß zugleich mit dem Räuchern abzuwickeln und damit bei Würsten das unerwünschte Austrocknen der äußersten Brätschicht zu verhindern (siehe auch Seite 19).

Warmräuchern

Eher unter als bis an die Grenze von 45 °C soll bei der Warmräucherung gegangen werden. Damit wird bei weichen Rohwürsten die erwünschte Reifung durch Austrocknung erreicht. Die gasförmigen Destillationsprodukte des Rauches dringen weniger intensiv in das Räucherprodukt ein, was aber den Gewichtsverlust geringer als beim Kalträuchern ausfallen läßt. Der Räuchervorgang nimmt hier – je nach gewünschter Intensität des Räuchergeschmacks eine Stunde bis mehrere Tage in Anspruch. Bei höheren Temperaturen geht die Atmungsfähigkeit der Därme verloren, eine

So verschnürt, mit kräftigen Bindfäden, geraten die Würste am besten.

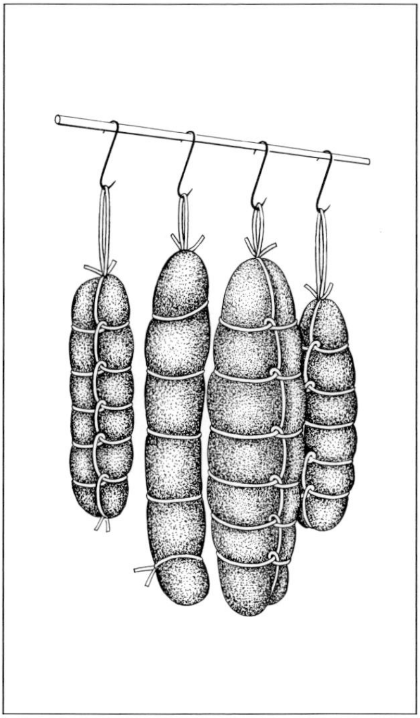

Veränderung des Fetts, Verfärbung und unangenehmer Geschmack sind die Folge.

Räucherfehler

Beim Würsteräuchern sollte vor allem darauf geachtet werden, daß die Temperaturen nicht durch eine zu direkte, heiße Rauchführung zu einem jähen Ausschwitzen von Fett und Wasser führen. Das würde eine streifige Verfärbung und braune bis dunkelbraune Flecken verursachen. Auch vom Aufliegen der Würste auf Rosten muß daher abgeraten werden. Würste sollen deshalb unbedingt hängend dem Rauch zugeführt werden, ebenso wie Fleischstücke.

Stellen, an denen Wurst und Fleisch etwa auf Stäben, gleich ob Holz oder Metall, aufliegen, werden vom Rauch nicht ausreichend erreicht und ungleichmäßig erwärmt, was eine Oberflächenverderbnis zur Folge haben kann. (Siehe auch »Räucherfehler lassen sich vermeiden« Seite 49.)

Die Aufbewahrung von Räucherwürsten

Werden die Räucherwürste nicht eingefroren, so sind sie dennoch für Wochen haltbar, wenn man sie in nicht allzu temperierten Räumen aufbewahrt. Die Lagerung muß aber dann auf alle Fälle in luftigen und abgedunkelten Vorratsschränken erfolgen.

In ländlichen Gegenden gibt es für diese besonderen Spezialitäten den Namen »Hochbodenwurst«, was mit anderen Worten heißt, daß man Würste auf Dachböden, vor Insekten geschützt, aufbewahren, dort reifen läßt, bis sie, auch ungeachtet der höheren Temperaturen, weil eben gut geräuchert, austrocknen. Der Gewichtsverlust ist natürlich hierbei groß, um so mehr aber kann man sich über eine Spezialität von besonderer Art und erlesenem Geschmack freuen.

Geräucherte und luftgetrocknete Wurstwaren, wie auch auf diese Art und Weise haltbar gemachte Schinken, halten sich über Monate, vorausgesetzt, daß sie in luftigen Schränken aufbewahrt werden. Ideal sind solche Wurstarten natürlich als Reiseproviant. Sie schmecken am besten, wenn sie hauchdünn aufgeschnitten werden.

Würsteräuchern auf einen Blick

Wurstsorten	Räucherart	Temperatur	Räucherdauer
Kochwürste, Brühdauerwürste, Rohpökelwaren, Rohwürste	Kalträuchern	14 bis 24 °C	2 Tage bis 10 Wochen
Rohwürste bei schneller Reifung	Feuchträucherung	bis 30 °C	3 Tage
Brühwürste	Warmräucherung	bis 45 °C	1 Stunde bis einige Tage
Kochwurst und Brühwurst	Heißräucherung	70 bis 80 °C	20 bis 180 Minuten

Rezepte

Thüringer Rotwurst

2 kg mageres Schweinefleisch, Zunge und Herz, sowie 500 g Schwarte (alles gekocht) werden zusammen mit 500 g Rückenspeck in daumengroße Würfel geschnitten und durch den Fleischwolf gedreht. Gewürzt wird mit 100 g Salz, einem gehäuften Teelöffel Pfeffer, einem halben Teelöffel Piment und Nelken, 1 g Salpeter, einem Teelöffel Zucker, einem Eßlöffel Thymian und einem Viertel geriebener Muskatnuß. Zur Fleischmasse gibt man dann 1 l geseihtes Schweinsblut. Die Wurstmasse kann am besten in Schweinedarm gefüllt werden. Bei 80 °C sollen die Würste gut zwei Stunden im Wasser ziehen. Nach langsamem Auskühlen sollen die Thüringer dann drei bis vier Tage im kalten Rauch hängen, wo sie sich geschmacklich am besten entwickeln.

Leberwurst auf pfälzische Art

500 g Schweineleber werden in Stücke zerlegt und zusammen mit 1 kg Schweinskopffleisch und 1,5 kg Bauchspeck, alles zuvor gebrüht, durch den Fleischwolf mit feiner Scheibe gedreht. Gewürzt mit einem halben Teelöffel schwarzem Pfeffer, einer Messerspitze Muskatpulver, zwei Eßlöffel Majoran und einem Teelöffel Thymian sowie etwas Kesselbrühe, wird dann alles gut durchgeknetet. Das Wurstbrät ist dann in Schweinedärme zu füllen. Bei 80 °C sollen die Leberwürste eine knappe Stunde sieden. Anschließend ist ein langsames Abkühlen in warmem Wasser (50 °C), das schließlich dann ganz auskühlt, erforderlich. Empfohlen ist dann ein Kalträuchern von 24 Stunden bei 20 bis 25 °C.

Geräucherte Dauerwurst

Drei Zutaten tragen zum guten Gelingen bei: Schweinefleisch, Rindfleisch und Speck. 3 kg Schweinefleisch (am besten vom Schlegel), 3 kg Rindfleisch, ebenfalls vom Schlegel, und ein gutes Kilo Schweinerückenspeck sind in Scheiben zu schneiden und dann durch den Fleischwolf zu drehen. Dazu gibt man als Gewürz 200 g Salz, einen Teelöffel weißen Pfeffer, vielleicht auch noch grünen Pfeffer, einen Teelöffel Salpeter und einen Eßlöffel Zucker.

Alles zusammen wird dann gut durchgeknetet und in Naturindärme gefüllt und abgebunden. Die Würste werden dann in einem trockenen und luftdurchfluteten Raum aufgehängt. Dabei sollen die Temperaturen nicht über 10 °C steigen.

Erst nach einem gut einwöchigen Abhängen der Würste gibt man sie in den kalten Rauch für eine Zeit von wiederum einer guten Woche.

Das Räuchern von Fischen

Fische schlachten, ausnehmen, säubern

Kommen die Fische nicht aus fließenden Gewässern, sondern aus Teichen, wo sie gemästet wurden, dann empfiehlt es sich, sie gut fünf Tage vor dem Schlachten in ein Nüchterungsbecken zu geben, das schlammfrei sein und eine Wassertemperatur nicht über 20 °C haben sollte.

Zum Töten der Fische ist es für den Sport- wie für den Berufsfischer ein ungeschriebenes wie geschriebenes Gesetz, daß dies möglichst schmerzlos geschehen sollte, denn, so steht es laut Tierschutzgesetz geschrieben, »niemand darf einem Tier ohne vernünftigen Grund Schmerzen, Leiden oder Schäden zufügen«.

Auf das Jahr 1936 geht ein auch heute noch gültiges Gesetz zurück, das über das Schlachten und Aufbewahren von »kaltblütigen Tieren«, wie es der Fisch ist, besagt, »daß Fische, deren Fleisch zum Genuß für die Menschen bestimmt ist, vor dem Schlachten zu betäuben sind. Diese Betäubung hat durch wuchtige Schläge auf den Kopf oberhalb der Augen mit einem genügend schweren Gegenstand zu geschehen. Die Betäubung kann auch in einem zuverlässig wirkenden elektrischen Fischbetäubungsapparat erfolgen. Sofort nach Betäubung sind die Fische zu schlachten«.

Im Absatz 2 dieser Verordnung heißt es dann:

»Bei Aalen und Plattfischen (Schollen, Flundern, Seezungen usw.) kann die Betäubung unterbleiben. Aale sind, wenn die Betäubung unterbleibt, durch einen bis auf die Wirbelsäule reichenden Schnitt dicht unterhalb des Kopfes und sofortiges Aufschneiden der Leibeshöhle und Herausnehmen der Eingeweide einschließlich des Herzens zu schlachten; der Schnitt bis auf die Wirbelsäule kann unterbleiben, wenn die Ausblutung durch Aufschneiden der

Goldgelb und fein nach Rauch duftend, werden Fluß- und Seefische auch den verwöhntesten Ansprüchen gerecht.

Linke Seite: Mit wenigen Handgriffen und einer Aufhängevorrichtung aus Baustahl läßt sich ein Gartengrill in einen Heißräucherofen umfunktionieren.

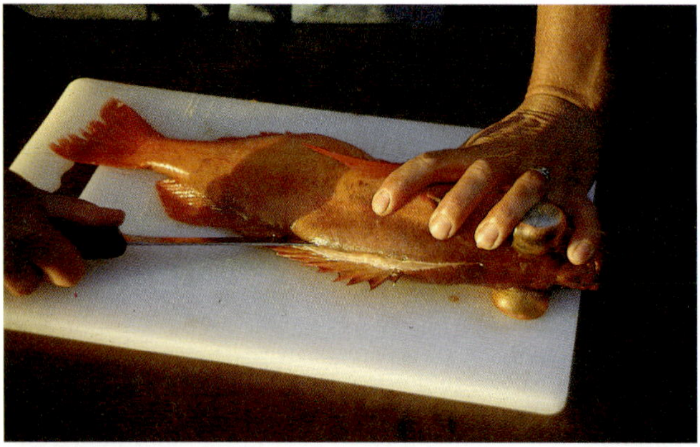

So gelingt das Filetieren beim Rotbarsch und anderen Seefischen:
Den Fisch zunächst entlang der Rükkengräte mit einem scharfen Messer vom Kopf bis zum Schwanz einschneiden.

Dann das Filet von diesem Schnitt aus bis zur Mittelgräte vorsichtig von den Gräten lösen ...

... und durch einen Schnitt hinter den Kiemen vom Kopf zur Bauchseite hin einschneiden.

Nun das Filet entlang der Mittelgräte so durchtrennen, daß der Bauchlappen nicht abgeschnitten wird.

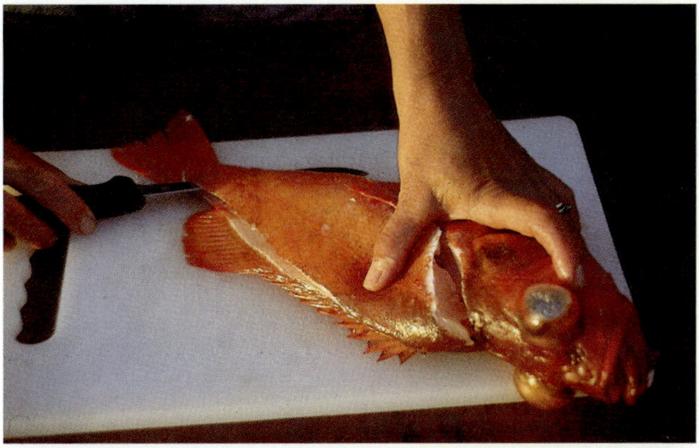

Führt man das Messer flach entlang der Gräte zum Schwanz hin, läßt sich das Filet leicht vom Fisch lösen.

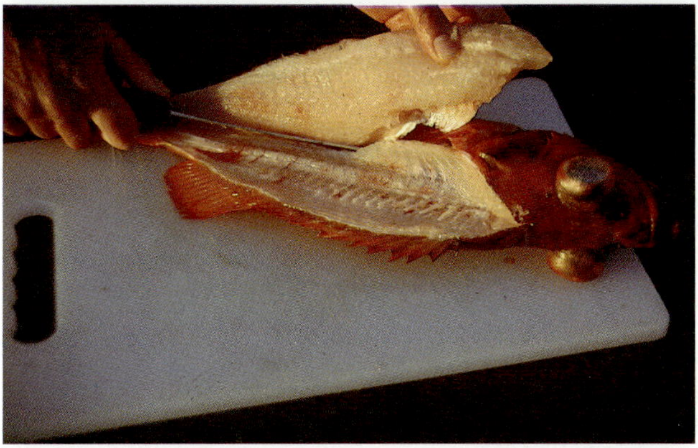

Nachdem die eine Fischseite filetiert ist, wird mit der anderen Hälfte genauso verfahren.

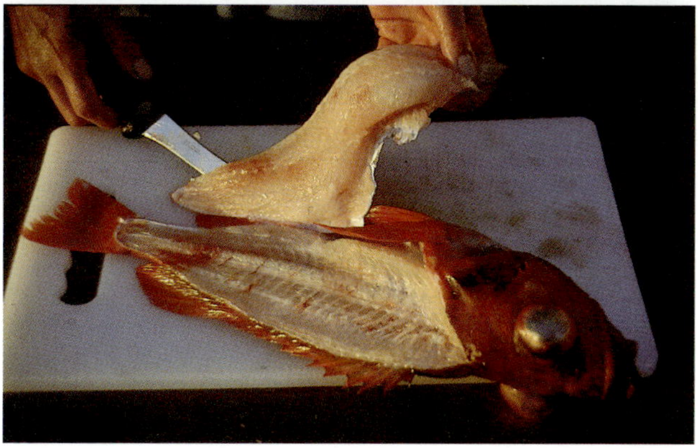

Leibeshöhle und sofortiges Herausnehmen der Eingeweide einschließlich des Herzens bewirkt wird. Plattfische sind, wenn die Betäubung unterbleibt, durch einen schnellen, den Kopf vom Körper trennenden Schnitt zu schlachten«.

Wer Fische in großen Mengen räuchern will, der beschafft sich vielleicht ein elektrisches Fischbetäubungsgerät, das bei einer geringen Spannung von 24 Volt für den Menschen keinerlei Risiko eines Stromschlags bildet. Beim Betäuben von Aalen kann auch zur Verwendung von Salmiakgeist geraten werden.

Zu handhaben ist diese Methode so, daß man eine Mischung von Salmiakgeist und Wasser im Verhältnis von 1:50 in ein abschließbares Behältnis gibt, um dort die sich windenden Aale zu betäuben. Das bringt auch den Vorteil einer guten Entschleimung mit sich. Ideal und einfach zur Betäubung von Aalen ist es, fünf Stück (auch mehr oder weniger) in einen mit Wasser (3 bis 5 l) gefüllten Plastiksack zu tun, dazu schüttet man einen Schuß Salmiakgeist. In einer guten Viertelstunde sind die Fische ausreichend betäubt. Vor allem wichtig ist es, beim Entschleimen die Kiemen sauber auszudrücken.

Das Ausnehmen und Entfernen aller Eingeweide hat so zu geschehen, daß die Fische vom Kopf her aufgeschlitzt werden. Gedärme sollen nicht angeritzt werden. Man baut so einer Verschmutzung durch den Darminhalt vor. Ein mehrmaliges Ausspülen des Fischbauches unter fließendem oder ständig erneuertem Wasser sollte keinesfalls vergessen werden. Bei Fischen mit dichtem Schuppenkleid muß sich dann ein gründliches Entschuppen, falls nicht per Hand, dann mit einem in Anglerfachgeschäften erhältlichen Entschuppungsgerät, anschließen.

Für die Spülungen sollte das Wasser eine Temperatur von etwa 10°C haben und Trinkwasserqualität besitzen.

Nach, besser noch vor dem Einlegen in die Lake, ist es aus zweierlei Gründen erforderlich, bei den zu räuchernden Fischen die Kiemen zu entfernen; die Kiemen verderben besonders schnell, außerdem haftet ihnen viel Schleim und Blut an, die während des Räucherprozesses auslaufen und die goldgelben Fische mit unappetitlich aussehenden Schlieren »verzieren«.

Noch größere Sorgfalt beim Fischeausnehmen

»Nematoden (Fadenwürmer) in Seefischen« – dieser Lebensmittelskandal schreckte im Sommer 1987 die Verbraucher auf. Das Bundesgesundheitsministerium erließ eine neue »Verordnung über gesundheitliche Anforderungen an Fische und Schalentiere«.

Mit dieser Verordnung soll vor allem das Nematodenproblem in Seefischen bewältigt werden. Die Vorschriften besagen, wie Fische aus der Hochsee- und Küstenfischerei nach dem Fang, auf dem Transportweg bis in den Laden oder den Verarbeitungsbetrieb behandelt werden müssen.

Nach dieser Verordnung sollte sich auch der Räucherfreund im privaten Bereich richten, das heißt, er sollte alle Fische sogleich ausnehmen, außer Sprotten und Fische vergleichbarer Größe. Das Ausnehmen der Fische soll verhindern, daß nach dem Fang Nematoden von den Eingeweiden in das Fischfleisch einwandern.

Auch bei lebenden Seefischen sind schon Nematoden im Fischfleisch anzutreffen, vor allem in den Bauchlappen. Wenn die Fischleber stark befallen ist, ist auf jeden Fall eine Kontrolle anzuraten. Fischteile, die erkennbar lebende oder tote Nematoden enthalten, müssen entfernt werden.

Der Verbraucher erkennt die Nematoden, wenn das Fischfilet gegen das Licht oder eine künstliche Lichtquelle gehalten wird als rotbraune Flecken im weißen Fleisch. Es wäre nicht verkehrt, Seefische nur als Filets (mit Haut) zu räuchern, weil die Kontrolle so einfacher ist.

Beim Ausnehmen der Fische ist Sauberkeit wichtig. Die Niere am Rückgrat läßt sich am besten mit einem Löffel herausschaben.

Das Salzen der Fische

Das wohl wichtigste Kapitel beim Fischräuchern ist zugleich jenes mit den meisten »Geheimnissen« und offenen Fragen und dem wichtigsten Rat, selbst auszuprobieren. Denn was für den einen buchstäblich das Salz in der Suppe seiner Räuchervorbereitung ist, das er zudem wie ein Geheimrezept hütet, kann für den anderen geschmacklich zu wenig oder zu stark gewürzt sein. Dabei ist aber gerade das richtige Salzen das A und O eines guten Räucherfisches. Die folgenden Hinweise und Rezepte können nur Anhaltspunkte für ein Thema mit vielen Variationen sein.

Salzen muß sein

Salzarm sind selbst jene Fische, die ein ganzes Fischeleben im Salzwasser verbringen, denn bei den in Meeren leben-

Räuchern allein genügt nicht. Das Einsalzen – was über Nacht in einem Plastikeimer geschehen kann – ist eine unbedingte Voraussetzung für den Räuchererfolg.

den Flossenträgern ist das Fleisch kaum mehr als 0,24 % mit Salzen angereichert, bei Süßwasserfischen ist etwa nur mit der Hälfte zu rechnen. Das Würzen mit Hilfe von Salz ist aber nur die eine Sache, die Haltbarmachung die andere.

Salz war deshalb stets kostbar, wenn es um die Lagerhaltung von Fischen ging. Und hier muß wiederum zwischen Trocken- und Naßsalzen unterschieden werden.

Das Trockensalzen

Hierbei werden die Fische von innen und außen mit Kochsalz oder einem groben Salz, nicht mit Nitritpökelsalz, gut eingerieben und waagerecht in ein Behältnis gelegt, das vom Salz nicht angegriffen werden kann; Plastikeimer oder Plastikschüsseln sind hierfür ideal.

In einem kühlen Raum werden kleinere Fische höchstens drei Stunden gelagert, während eine größere Makrele auch eine Salzzeit bis zu vier Stunden verträgt. Ein Lachs mit einem Gewicht von 3 kg liegt vor dem Kalträuchern 10 bis 11 Stunden im Salz, während der gleiche Fisch mit 4 kg bereits 13 bis 14 Stunden beansprucht.

Beim Trockensalzen soll der Rücken stärker eingerieben werden als die dünnen Bauchlappen. Bei dieser Art der Salzung besteht die Gefahr, daß der Rücken zu lasch, die Bauchlappen übersalzen bzw. überwürzt werden.

Möglich ist auch, Würzmittel wie zerstampfte Wacholderbeeren, geriebenen Pfeffer, feingehackte Zwiebeln, selbst Knoblauch, falls man den Fischgeschmack zurückdrängen will, beizumengen.

Das Naßsalzen

Ein gleichmäßiges Salzen bzw. Würzen wird durch das Naßsalzen erreicht. Dazu muß eine Salzlake vorbereitet werden. Als Faustregel kann gelten, daß bei größeren Fischen die Konzentration auf alle Fälle im Verhältnis 10:1 bis 12:1 angesetzt werden soll. Mit anderen Worten gesagt: in 10 l Trinkwasser sollte 1 kg Salz aufgelöst werden.

Wichtig ist: je kürzer die Einlegezeit, um so stärker soll der Salzgehalt sein. Während man beim Einlegen über Nacht (also 10 bis 12 Stunden) 800 g Kochsalz in 10 l Wasser auflöst, ist bei einer Kurzpökelzeit von nur drei bis vier Stunden der Salzgehalt auf 12 bis 13 % zu steigern.

Die kürzeste Salzzeit

Eine weitere, erprobte Rezeptur beim Naßsalzen ist, soviel Salz zuzugeben, wie das Wasser aufnehmen kann. Das entspricht etwa einem Verhältnis von 4:1. Bei dieser hohen Konzentration verkürzen sich natürlich die Salzzeiten wesentlich. Hier einige Beispiele:

Forellen: 1 ¾ bis 2 Stunden
Heringe: 2 Stunden
Makrelenfilets: 1 ¼ Stunden
Rotbarschfilets: ¾ Stunden

Grundsätzlich kann man sagen, daß ganze Fische länger in der Lake liegen müssen als Filets, und ein magerer Fisch wie der Rotbarsch bedarf gegenüber der fetten Makrele einer viel kürzeren Salzzeit.

Fangfrisch gekauft oder aufgetaut – wichtig ist nur, daß die Fische unmittelbar eingesalzen und gewürzt werden. Praktisch ist für kleine Portionsfische das Einlegen in eine Schüssel mit Lake, die man dann mit einem Teller, der mit Steinen beschwert werden soll, zudeckt.

Das Pökelgefäß darf keinesfalls in einem zu warmtemperierten Raum oder gar unter Sonneneinstrahlung stehen. Ideal ist eine Kellertemperatur von 7 bis 12 °C.

Wer den Salzgehalt der Lakelösung genau kontrollieren will, kann sich eines Aräometers bedienen, der auf Anhieb das genaue Verhältnis ablesen läßt.

Wie schon eingangs betont, sind Süßwasserfische wie Seefische gleichermaßen salzarm im Fleisch (zwischen 0,7 und 0,2 %), weshalb sich beim Einlegen hier keine gravierenden Unterschiede ergeben. Nur: ein leicht eingesalzener Fisch hält sich nicht ganz so lange wie ein länger und stärker gepökelter.

Würzen mit Vernunft

Über Geschmack läßt sich bekanntlich streiten – besonders beim Würzen von Fischgerichten! Das gilt natürlich auch für das Fischeräuchern. Zum einen ist bereits das Salzen eine Art der leichten Würzung, die man keinesfalls übertreiben soll, hat man nicht gerade Lust auf einen geräucherten Salzhering, zum andern wird auch durch das Räucherholz- und -mehl das Fischfleisch geschmacklich angereichert. Doch Fisch soll Fisch bleiben.

Wer es trotzdem würzig haben will, jedoch nicht die große Erfahrung im Fischewürzen besitzt, der sollte es mit einem handelsüblichen Fischgewürz als Beimischung zur Lake versuchen.

Natürlich lassen sich auch frische Kräuter beim Einlegen in die Salzlösung verwenden: Dill, Basilikum, Thymian, Kapern, Knoblauch (beim Karpfen etwa), Bohnenkraut, Paprika, Petersilie, Senf und Rosmarin; Pfeffer kann allemal nicht schaden.

Doch das Fingerspitzengefühl und das Gaumentraining sind hier die besten Ratgeber. So lassen sich auch bei den einzeln aufgeführten Rezepturen in diesem Buch keine allgemeingültigen Mengenangaben machen.

Ein Tip zum Würzen

Bei einer anderen Methode des Würzens verzichtet man auf die Gewürze in der Salzlake, dafür wird der Fisch nach dem Salzen und Trocknen mit einer Gewürzmischung bestreut, die nach dem Räuchern wieder leicht abgeschabt wird.

Beispiel für diese Mischung: (im Mörser oder mit einem Hammer in einer Plastiktüte zerstoßen)
2 Teile Pfefferkörner
2 Teile Korianderkörner
1 Teil Pimentkörner
2 Teile Wacholderbeeren

Außerdem können dem Räuchermehl noch kleine Wacholderzweige zugegeben werden.

Spülen und Trocknen

Ob trocken oder naßgesalzen: der Fisch muß nach dem Pökeln auf alle Fälle, um die Lake zu entfernen, gründlich mit Trinkwasser gewaschen werden. Dabei werden auch Schleim und Blutreste ab-

Steckerlfische lassen sich gut über einer Holzkohlenfeuerung heißräuchern. Wer nach dieser Methode räuchern will, sollte sich dafür rechtzeitig nach Stahlspießen mit Holzgriffen umsehen.

gespült, die sich durch die Lake gelöst haben. Die Wassertemperatur soll nicht zu warm sein, also 20°C nicht übersteigen. Das Wasser muß auf alle Fälle Trinkwasserqualität haben, soll also nicht aus Flüssen oder Seen geschöpft werden. Am besten gibt man das Räuchergut in ein Sieb oder in ein Plastikgefäß mit Überlaufvorrichtung. In diesem Bad kann man dann den Fischen mit dem Wasserschlauch zu Leibe rücken, sie gründlich aus- und abspülen. Für den gewerblichen Verkauf schreiben dies die Hygienemaßnahmen sogar bindend vor.

Im Anschluß können die Fische noch kurz zur Trocknung aufgehängt oder auf einen Rost gelegt werden. Das verleiht dem Fisch eine gewisse Stabilität, das heißt, er reißt nicht so leicht vom Haken. Eine goldgelbe Färbung ist aber besser zu erreichen, wenn man auf die Trocknung verzichtet, den Fisch also nur abtropfen läßt und dann in den Räucherofen hängt, der aber zu Beginn nicht gleich auf »Volldampf« gefahren werden sollte.

Die Räuchermethoden

Naturnahes Räuchern – eine Möglichkeit

So hat es wohl einmal angefangen: ein tiefer Graben wurde ausgehoben, Feuer darin gemacht, immer mehr Holz darüber geschichtet, um so zu einer langanhaltenden Glut zu kommen. Für eine starke Rauchentwicklung sorgte frisches

Laub wie das von Erlen, Haselnuß und Brombeeren. Auch hier wäre es falsch, harzende Zweige, so etwa von Tannen oder Fichten, zu verwenden.

Wichtig ist, daß beim Räuchern über einem Graben die Fische möglichst hoch über die Feuerstelle gehängt werden. Ideale Hilfen dafür sind eineinhalb Meter lange Haselnußstöcke, die an beiden Enden zugespitzt werden. Während das eine Ende in den Boden gerammt wird, steckt man die andere Spitze in Kiemenhöhe gegen den Fischkopf.

Ist die Glut zu heiß oder hängt der Fisch zu tief, so besteht die Gefahr, daß die Fische austropfen, mehr ein Garen als ein Räuchereffekt erzielt wird, die Fische demzufolge zu trocken werden. Auch die goldgelbe Farbe entsteht dabei nicht. Ideal ist eine Räucherzeit von knapp einer Stunde.

In den ersten Kapiteln dieses Buches sind ausführliche Ratschläge über Räuchergeräte, Hygienemaßnahmen, Räucherhölzer, das Lebensmittelrecht über das Räuchern, die feuerpolizeilichen Vorschriften und die Rauchbeschaffenheit gegeben.

Speziell für das Fischeräuchern soll hier nur noch über die Temperaturen des Heißnaß-, Heißtrocken- und Kalträucherns gesprochen werden.

Das Heiß-Naßräuchern

Diese Methode gilt als Schnellräucherverfahren, zum Beispiel für Portionsforellen und analog dazu zum raschen Bereiten von geräuchertem Forellenfilet. Bei Portionsforellen von 300 bis 500 g muß dabei die Räuchertemperatur über 100 °C liegen, um im Forellenfleisch selbst eine Kerntemperatur von 70 bis 80 °C zu erreichen.

Wichtig ist, daß die Temperatur des Rauches zu Beginn des Räucherprozesses am größten sein muß, anschließend aber dann entsprechend »zurückgefahren« wird. Doch niemals sollte die Temperatur so hoch sein, daß allzu viel Fischfett in die Räucherglut oder in das Räuchermehl tropft, wenn keine Fettauffangschale vorhanden ist.

Das Heiß-Trockenräuchern

Aus traditioneller Erfahrung geboren ist das Heiß-Trockenräuchern von Fischen. Hierbei wird nicht mit hoher Temperatur begonnen, sondern die Fische werden zu Beginn von langsamer Rauchentwicklung getrocknet. Das kann, je nach Hitzeentwicklung, bis zu einer Stunde dauern. Vor allem beim Aal, aber auch bei Karpfen und Schleien, schwören manche Räucherkünstler darauf. Nach einer Stunde erst wird die Temperatur auf 70 bis 80 °C hochgefahren, um sie dann 100 °C (Kerntemperatur) erreichen zu lassen.

Als Beispiel sei hier die Räucheranleitung für eine Räuchertonne mit Gaskocherbetrieb der Firma Kaimeier (siehe Bezugsquellen) zitiert:

»Das Räuchergut wird von oben mittels Haken in die Tonne eingehängt, das Schubfach am Fuß mit Räucherspänen und Raspelspänen gefüllt. Darunter der Camping-Gasbrenner in Betrieb genommen. Bei steigender Erwärmung trocknet zunächst das Räuchergut; Temperatur auf etwa 110 °C steigern und Räuchergut garen lassen (etwa 15 bis 20 Minuten). Der Fettfänger nimmt abtropfen-

Ist ein Aal gar, zieht er hinter den Kiemen kleine Fältchen (oben). Doch auch beim Auseinanderziehen der beiden Fischhälften erkennt man, ob der Aal noch im Innern »rot« ist, also noch weitere Zeit im Rauch verbringen muß.

des Fett auf, eventuell abfallendes Räuchergut hält das Auffanggitter.

Nach dem Garen bei gedrosseltem Feuer frische Kräuter (Lorbeerblätter, Sellerieblätter) auf die Glut im Feuerschubfach legen und darüber nochmals Räuchermehl oder Räucherspäne streuen. Nach etwa 10 bis 15 Minuten hat dann das Räuchergut eine herrliche goldgelbe Färbung und ist fertig zum lekkeren Mahl.«

Kalträuchern

Vom Kalträuchern spricht man, wenn die Rauchtemperaturen, die direkt auf den salzgaren Fisch einwirken, maximal 22 °C haben. Der »dünne Rauch« hat in der Regel nur 18 bis 20 °C. Die Räucherzeiten verlängern sich damit entsprechend. Genaue Zeiten lassen sich hier nicht vorgeben, da die Fischart und die Größe des Fisches ausschlaggebend sind. Bei Portionsfischen (300 bis 500 g) dürften in der Regel Räucherzeiten von

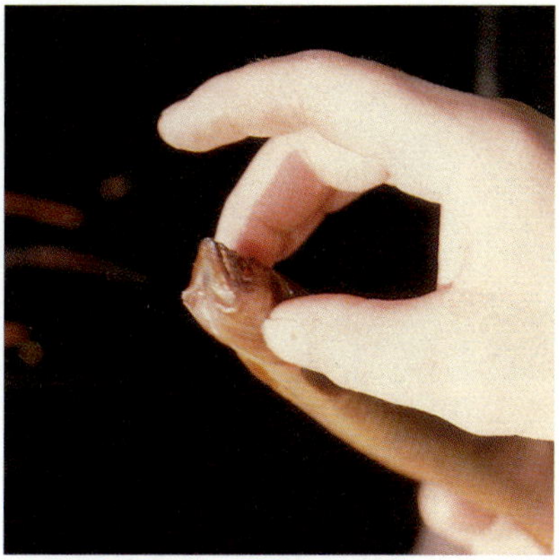

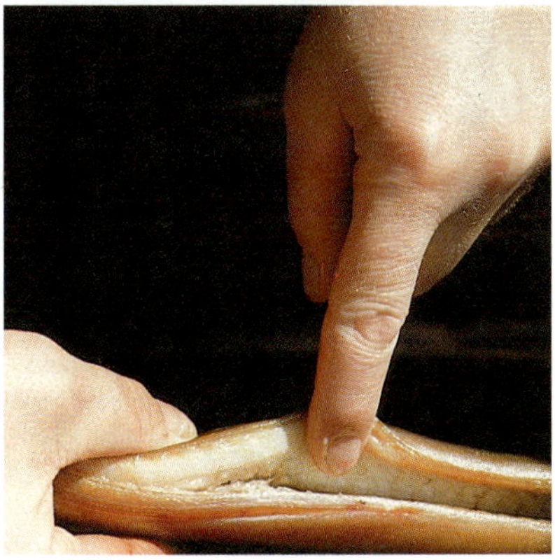

sechs bis zwölf Stunden ausreichen. Das Fischfleisch trocknet hierbei jedoch stärker aus als beim Heißräuchern, ähnlich wie beim rohen Schinken. Auch die so geräucherten Fische haben ein Fleisch, das für die Aufteilung in dünne Scheiben gut schnittfähig ist. Der prominenteste Vertreter dieser Räucherart ist der Räucherlachs.

Kaltgeräucherte Fische sind länger haltbar als heißgeräucherte.

Gewichtsverlust beim Räuchern

Der Gewichtsverlust, der beim Schlachten und Räuchern entsteht, ist aufgrund der Größe und Art der Fische natürlich unterschiedlich.

Bei einer Forelle, beispielsweise, machen Eingeweide, Kiemen, Schleim usw. rund 15 % des Fischgewichtes aus. Beim Räuchern verliert der Fisch dann nochmals etwa 10 % seines Gewichts. Nach

Ob bei Aalen oder anderen Fischen: mit Gewichtsverlusten vom Frischfisch zum Räucherfisch ist zu rechnen. Doch Geschmack und allein schon die goldgelbe Farbe gleichen diesen Verlust aus.

dem Filetieren bleiben schließlich nur mehr 50 bis 60 % des ursprünglichen Lebendgewichts übrig. Aale verlieren beim Schlachten rund 8 %, beim Räuchern 15 %, Karpfen beim Schlachten gut 20 % und beim Räuchern 15 % an Gewicht.

Demnach ergibt sich eine Faustregel, wonach beim Schlachten und Räuchern rund ein Drittel des Lebendgewichtes verloren gehen.

Auch tiefgefrorene Fische lassen sich räuchern

Sicher wird keiner auf die Idee kommen, sich aus dem nächstgelegenen Supermarkt aus der Tiefkühltruhe Fisch zum Räuchern zu holen. Anders dagegen, wenn man sich Makrelen oder Heringe, die auf Eis gelagert sind, vom Fischgeschäft holt, um daran einen Räucher-

Nichtrostende Haken sollten zur Aufhängung von Fischen in Räucheröfen, Kammern wie auch zum Heißräuchern überm Gartengrill eine Voraussetzung sein.

spaß zu haben. Zumeist jedoch kommt es zum Räuchern tiefgefrorener Fische, wenn man selbst Petrijünger ist, und nicht gleich wegen eines soeben gefangenen Aals die Prozedur des Räucherns in Angriff nehmen will. Für einen Angler, der seine Fische von einem Fischurlaub nachhause bringen will, kommt der Transport der leicht verderblichen Ware ebenfalls nur tiefgefroren – in Kühlboxen verpackt – in Frage.

Bei einem längeren Anfahrtsweg zum heimischen Herd sollte man sich für die frisch gefangenen Fische auf alle Fälle mit einer gut isolierten Kühlbox, die Temperaturen unter 5 °C garantiert, ausrüsten.

Zuhause angekommen, sind die Fische gleich zu versorgen, d. h. zu schuppen, zu entschleimen und mehrmals zu waschen. Erst so kann man sie dann, in PVC-Beutel verpackt, in die Tiefkühltruhe geben. Damit ein möglichst schnelles Durchgefrieren ermöglicht wird, sollte nie ein zu großer Packen Fische in einen Gefrierbeutel gegeben werden.

Und wie lange darf man dann mit dem so eingelagerten Fisch bis zum Räuchern warten? In der Regel sollten sechs Wochen nicht überzogen werden. So beugt

Preisgünstig und praktisch sind Holzstäbe oder Stäbe aus Stahl zum Aufhängen der Fische. Sie werden 2 cm hinter den Kiemen durch den Fischleib gestochen.

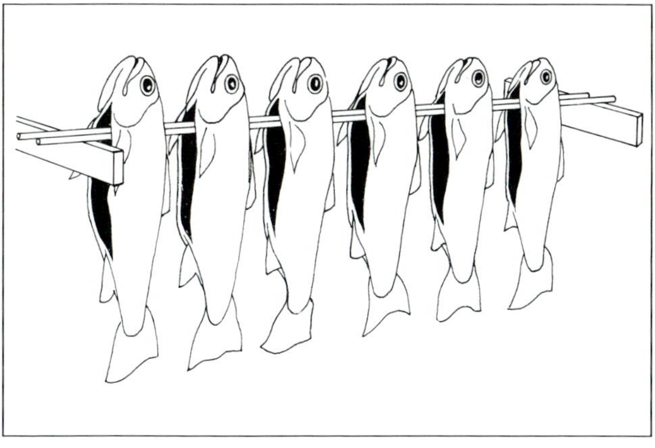

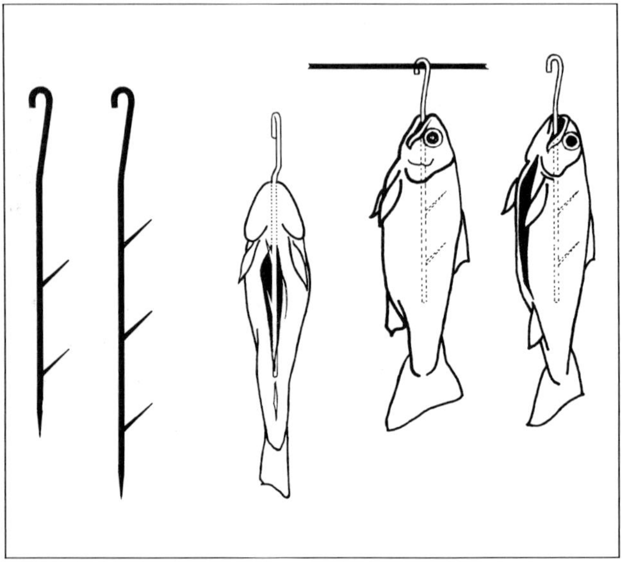

Patenträucherhaken sind die sichere Garantie dafür, daß auch gewichtigere Fische beim Heißräuchern nicht ausreißen können.

man auf alle Fälle Geschmacksverlusten und einem Trockenwerden des Fisches vor.

Wenn Seefisch frisch und sachgerecht eingefroren ist und im Tiefgefrierschrank Temperaturen von mindestens −20 °C herrschen, ist eine Lagerung von mehreren Monaten ohne weiteres möglich. Das gilt natürlich nicht für Hering und Makrele, die sich für eine längere Lagerung aufgrund ihres Fettgehalts nicht eignen.

Das Auftauen geschieht am besten in frischem Leitungswasser, das mehrmals gewechselt werden sollte. Keinesfalls sollte im Anschluß daran der Fisch nochmals für längere Zeit in den Kühlschrank gegeben werden. Dringend empfohlen werden muß: Nach dem Auftauen den Fisch sofort einsalzen bzw. in die Lake geben, also nicht mehr lagern.

Fischfilets von Seefischen werden am besten im Kühlschrank aufgetaut, da sich sonst das Fischfleisch unnötig mit Wasser vollsaugt.

Spezielle Räucherhaken

Von der Staatl. Lehr- und Versuchsanstalt für Fischerei in Starnberg empfohlen sind spezielle, im Handel erhältliche Räucherhaken. Sichere Aufhängung, rationelles Arbeiten und absolut gleichmäßige Räucherung ist mit diesem Haken gewährleistet. Man führt ihn durch das Fischmaul und drückt die Spieße in die Rückengräte.

Diese Haken sind aus nichtrostendem Stahl oder aus Aluminium gefertigt. Bei den Stahlhaken sind die Spieße aufgeschweißt, bei Alu-Haken sind sie eingepreßt.

Für größere Fische (über 500 g) sind diese Haken auch dreispießig in Edelstahl lieferbar.

Hier sind einfache S-Haken in Gebrauch, wie sie überall im Haushaltwarenhandel erhältlich sind.

Empfehlenswerte Fischarten für den Rauch

Blaufelchen oder Reinanke

Ein Fisch von hervorragendem Geschmack, der vor allem in den sauerstoffreichen Alpenseen (so zum Beispiel in den Seen des österreichischen Salzkammergutes und im Bodensee), aber auch in Norddeutschland und im Norden Europas zu Hause ist, ist das Blaufelchen. Merkmale sind kegelförmiger Kopf und torpedoförmiger Körper, der blaugrün bis dunkelgrün schillert. Eine wahre Delikatesse sind Bodenseefelchen, die sich wie ihre Artgenossen vorwiegend von Insektenlarven und Bodentierchen ernähren. Zum Räuchern eignen sich eher die kleineren Fische mit einer Länge um 30 cm.

Dornhai

Als die am häufigsten vorkommende Haiart des Nordatlantiks bildet der Dornhai große Schwärme. Er wird etwa 100 bis 120 cm lang und wiegt dann maximal 10 kg. Nachdem der Kopf entfernt und die Haut abgezogen ist, werden aus den geräucherten Bauchlappen unsere »Schillerlocken« und der geräucherte Rückenteil ist bei uns als »Seeaal« im Handel.

Dorsch oder Kabeljau

Als Räucherfisch nicht vergessen werden soll der Dorsch oder Kabeljau, dieser gefräßige Allesfresser, als »Brotfisch« des Räucherers. Erst als geschlechtsreifer Fisch wird der Dorsch bei uns zum Kabeljau, während die nordischen Länder nur die Bezeichnung »Torsk« ken-

Kleine Fische können auch mit Schnüren, die man hinter den Kiemen befestigt, in die Räucherung gehängt werden, falls man die Temperatur nicht allzu hoch fährt.

Aal und Heilbutt – wer könnte da nein sagen, wenn so was Delikates von einem Räucherfreund serviert wird.

nen, was Dörrfisch bedeutet. Die Geschlechtsreife tritt bei den meisten Dorschen im 8.–12. Lebensjahr ein. Sie haben dann eine Länge von 70 bis 100 cm und wiegen 3 bis 8 kg. Die größeren Exemplare müssen in kontrollierbare Scheiben geschnitten dem Räucherofen zugeführt werden. Sein wohlschmeckendes Fleisch sollte dabei seine Zartheit nicht verlieren.

Flußaal

Der Flußaal ist der große Wanderer unter den Fischen. Während sich der Breitkopfaal vorwiegend von Krebsen, Muscheln, Fischen und Schnecken ernährt, begnügt sich der Spitzkopfaal mit Kleintieren. Seine Geburtsstätte liegt in den Tiefen des Ozeans. Ist er zwei bis drei Zentimeter lang, beginnt seine Wanderung hin zur Küste, um dann die Ströme hinauf zu ziehen, wo er sich für fünf bis sechs Jahre ein Revier mit schlammigen Böden sucht. Geschlechtsreif kehrt er wieder zurück zum Atlantischen Ozean, um dort zu laichen. Aale, vor allem die mit breitem Kopf, erreichen einen Fettgehalt bis annähernd 40 %; Spitzkopfaale dagegen werden mit ihrem Fettgehalt von rund 15 % für das Räuchern bevorzugt. Beim Räuchern ist darauf zu

Der Hecht ist, wie auch andere Raubfische, ein besonderer Genuß, aber auch die vielen kleinen Weißfischarten, selbst wenn man dann beim Entgräten etwas vorsichtiger sein muß.

achten, gleich große Aale in einer Partie zusammenzufassen.

Hecht

Eine echte Delikatesse ist dieser Raubfisch, der Fische in großen Mengen, in der Ausnahme Frösche, ja sogar kapitale Hechte und kleinere Vögel verzehrt. Als mittlere Länge gelten 50 bis 100 cm. Doch beim Räuchern sollte man kleineren Exemplaren den Vorzug geben. Zuhause ist er in Flüssen, Seen. Vor allem begehrt ist das weiße, noch mit verhältnismäßig wenig Gräten durchzogene Fleisch des Junghechts. Grobfaserig wird das Fleisch dann bei größeren Räubern.

Heilbutt

Der Heilbutt kann zum ältesten unter den Fischen werden, denn seine Lebenserwartung wird auf 40 bis 50 Jahre geschätzt. Dieser größte Plattfisch ist schnellwüchsig und lebt in Meerestiefen von 200 m als mittlerem Lebensbereich. Exemplare über 2 m Länge werden heute selten gefangen, doch auch diese Fische wiegen schon rund 150 kg. Dieser Grundfisch ernährt sich vor allem von jungen Dorschen und größeren Bodentieren. Seine Lebensräume sind vorwiegend die atlantischen Gewässer. Sein Volumen macht es erforderlich, ihn sozusagen scheibchenweise in den Räucherofen zu geben.

Hering

Wer nicht an der Küste lebt, muß auf geräucherte Heringe aus dem eigenen Räucherofen nicht verzichten, denn in Fischmärkten kann man ihn, auf Eis gelagert, kaufen. Begehrt ist der goldgelbgeräucherte, glänzende Bückling.

Tonnenweise werden die durchschnittlich 25 cm langen Heringe, die sich von Fischeiern, Schnecken, Kleinkrebsen und Jungfischen ernähren, u. a. im gesamten Nordatlantik wie auch in der Nord- und Ostsee gefangen. Die im Herbst aus den Meeresgewässern geholten Heringe sind etwas magerer, dafür aber im Geschmack feiner als die im Frühjahr ins Netz gegangenen, die wohlgenährter sind. Als »grüner Hering« kommt der frischgelandete Fisch auf den Markt.

Karpfen

Aus Japan und China ist der Karpfen zu uns gekommen. Fällt auch die »Ernte« dieses gerne in Teichen gezüchteten, feinen Speisefisches in den Spätherbst und zum Winterbeginn, so freut sich der Sportfischer auch das Jahr über über den Fang eines 1 bis 3 kg schweren Karpfens, der sich von der Fauna am Boden ernährt. Aufgrund des hohen Gewichts müssen Karpfen entweder in dickere Scheiben geschnitten oder der Länge nach geteilt auf den Heißräucherrost gelegt werden.

Lachs

Für den Räucherfreund ist der Lachs schlechthin der »König« unter den Fischen. Geradezu legendär ist seine Wanderung vom Pazifik oder Atlantik in die großen Flüsse Amerikas und Europas bis hin nach Sibirien, wo in klaren Wassern seine Laichgründe liegen. 1 bis 3 Jahre alt, die der Jungfisch im Süßwasser verbringt, zieht es ihn wieder hinaus aufs Meer.

So im wahrsten Sinne des Wortes mit allen Wasser gewaschen, hat ein kleinerer atlantischer Lachs mit einem Gewicht von rund 2–4 kg schon eine durchschnittliche Länge von 60 bis 70 cm. Kaltgeräuchert wird er in »Seiten«, also der Länge nach gespalten und entsprechend vorsichtig fein gewürzt. Die Fangzeit für den Sportfischer sind die Monate Mai bis August, in denen der Lachs die Flüsse zum Laichen »hinaufsteigt«, denn dann zeigt er sich fettreich und mit hellrotem Fleisch.

Einen mehrpfündigen Karpfen kann man kaum in einem Stück räuchern. Doch in Hälften oder Scheiben geschnitten, eignet er sich gut zum Heißräuchern.

Makrele

Ebenso wie grüne Heringe, überaus preisgünstig, werden für den Fisch-

Besonders »dankbare« Fische zum Räuchern sind Makrelen und Heringe, die man, selbst wenn man nicht an der See wohnt, in jedem Fischgeschäft, auf Eis gelagert, kaufen kann. Wenig Gräten und festes Fleisch zeichnen diese Seefische besonders aus.

freund im Binnenland Makrelen auf den Fischmärkten angeboten. Dieser Schwarmfisch, der im Atlantik wie in Nord- und Ostsee von Heringen, kleinen Dorschen, Sardinen und Sprotten aber auch von Plankton lebt, eignet sich am besten zum Räuchern in einer Länge von 30 bis 40 cm. Er gilt als überaus fettreich, und sein Fleisch ist von fester Konsistenz.

Regenbogen- und Bachforelle

Im Geschmack steht zwar die Regenbogenforelle der Bachforelle etwas nach, doch gerade sie ist der Brotfisch der Klein- und Großteichwirte.

Vorwiegende Unterscheidungsmerkmale sind, daß die Bachforelle seitlich rotgepunktet ist, während die Regenbogenforelle unregelmäßig schwarzgepunktet ist. Am torpedoförmigen Körper schillert zur Laichzeit ein regenbogenfarbenes Band. Bach- wie Regenbogenforellen ernähren sich in erster Linie von Insekten, Kleinkrebsen und später dann von kleineren Fischen. Doch auch mit handelsüblichem Trokkenfutter sind beide Forellenarten in der Teichhaltung zu ernähren. Bei der Teichhaltung kann bereits innerhalb von zwei Jahren eine Portionsforelle heranwachsen.

Wer mit dem Fischeräuchern beginnt, sollte erstmals hier zugreifen. Die Regenbogenforelle hat dabei wegen ihres hohen Fettgehalts vor Bachforelle und Saibling den Vorzug.

Rotbarsch

Das rote Aussehen gibt diesem attraktiven Schwarmfisch den Namen. Beim Anfassen ist aber Vorsicht geboten: An den Kiemen und an den Brust- und Rükkenflossen sitzen unangenehme Sta-

Vom Silber zum Gold: Am Beispiel von Regenbogenforellen kann man erkennen, wie das Räucherverfahren nicht nur den Fisch haltbar und zu einer Delikatesse macht, sondern im wahrsten Sinne des Wortes von »Silber« in »Gold« verwandelt.

cheln. Bei einer Länge von 30 bis 50 cm erlangt dieser sich von kleineren Fischen wie auch von Weichtieren und Krebsen ernährende Fisch ein Gewicht bis zu 2,5 kg.

Die größten Exemplare sind bis 1 m lang und wiegen dann etwa 15 kg. Seine Heimat sind die Küsten des nördlichen Atlantiks.

Zum Räuchern eignen sich auch die Filets oder man schneidet größere Exemplare in Scheiben.

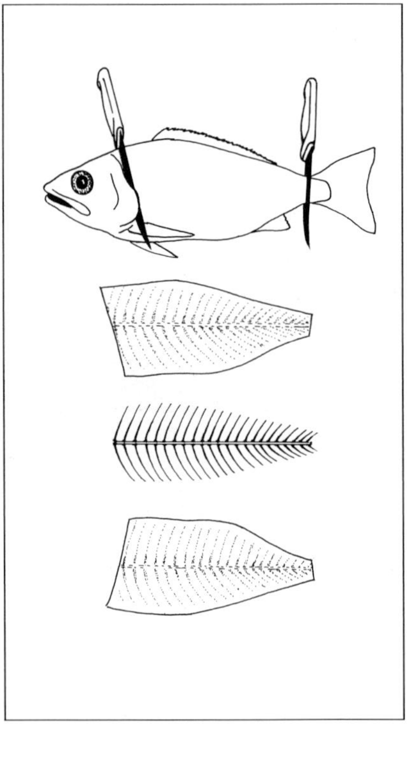

So gelingt das Filetieren.

Bei längerer Kühllagerung sollten der Haltbarkeit wegen bei den Filets die Fettansätze an Rücken und Bauch weggeschnitten werden.

Schellfisch

Am begehrtesten ist dieser sich vorwiegend von Fischlaich, Jungfischen, Muscheln und Würmern ernährende Fisch in der zweiten Jahreshälfte. Zuhause ist der Schellfisch, der in Längen von 35 bis 70 cm gefangen wird, im Atlantik wie auch in der Nordsee.

Nur leicht gesalzen, wird er, in Stücke geschnitten, geräuchert. In diesem Zustand wird er auch als »smoked haddock« oder »Finnen haddie« gehandelt.

Scholle

Dieser Plattfisch sucht an den atlantischen Küsten in Europa seine Nahrung vorwiegend in Muschelgründen; genießt aber auch Würmer und Krebse. Beim Räuchern von Schollen, das am besten längsgeteilt geschieht, muß darauf geachtet werden, daß das feine weiße Fleisch nicht zerfällt.

Zander

Zum Räuchern ist dieser Raubfisch mit seinem eher festen Fleisch am besten in mittleren Längen von über 50 cm. In der Aufzucht ernährt er sich vorwiegend von kleinen Wassertierchen, später aber zeigt er sich ganz als Räuber wie der Hecht, der sich an kleine Fische hält.

Angetroffen wird er in Flüssen und Seen in ganz Mitteleuropa, aber auch in

Es ist empfehlenswert und hat sich bewährt, geräucherte Fische in Folie zu verschweißen und zur längeren Haltbarmachung in den Kühlschrank oder auch ins Gefrierfach zu geben. Einem Austrocknen wird dabei weitgehend vorgebeugt.

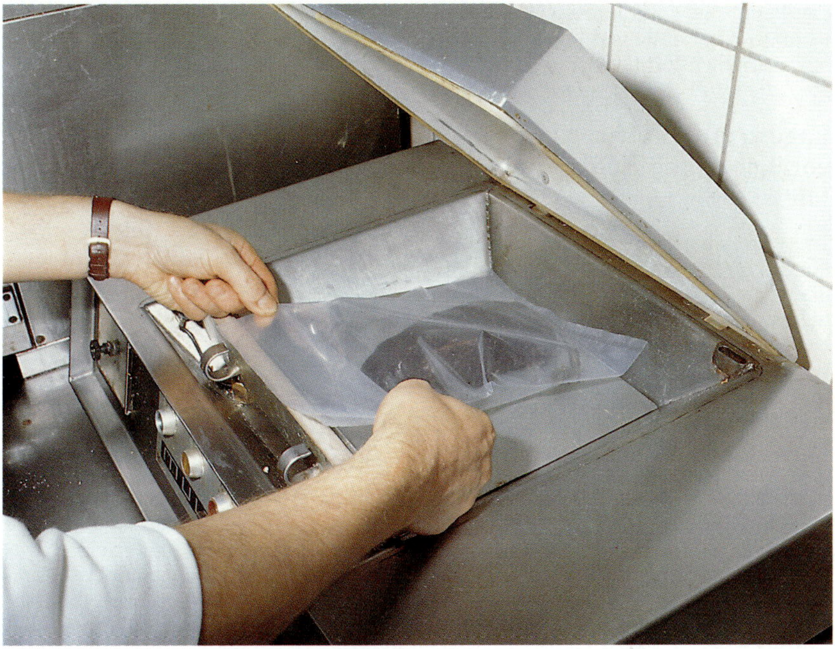

salzärmeren Bereichen der Ostsee. Kleinere Exemplare, die auch in Teichen gezüchtet werden, räuchert man in ganzen Stücken, größere Zander kann man auch in Scheiben aneinandergereiht in den Räucherofen geben.

Es ist darauf zu achten, daß die Räucherung sich nicht über einen zu langen Zeitraum hinzieht, denn das würde das feine weiße Fleisch »strohig« machen.

So gelingt das Filetieren beim geräucherten Fisch

Zunächst werden Kopf und Schwanz schräg von beiden Seiten her eingeschnitten und abgetrennt. Auch die Brustflosse wird dabei gekappt. Die restlichen Flossen werden ebenfalls gelöst. Anschließend wird die noch geschlossene Bauchseite aufgeschlitzt.

Dann sind die Filetstücke abzuheben und die Gräten von der unteren Hälfte zu lösen.

Der Fettansatz am Rücken wird vorsichtig abgelöst und die verbleibenden Gräten werden entfernt.

Lagern und Einfrieren von geräucherten Fischen und Filets

Wer geräucherten Fisch, der natürlich direkt vom Rauch am besten schmeckt, über den Tag hinaus lagern oder gleich für mehrere Wochen einfrieren will, hat mit gleicher Sorgfalt wie beim Räuchern selbst vorzugehen. Fisch duldet keinen fremden Geruch, ganz gleich ob man ihn im Kühlschrank oder Keller lagert. Legt man ihn zum Beispiel neben Käse, so darf man sich später nicht wundern, wenn der Fisch verdorben ist. Dies gilt auch für Kühlschränke und -truhen.

Das Abkühlen

Nach dem Räuchern sollte man Fische keinesfalls aufgeschichtet lagern, sondern sie an Haken in einem kühlen Raum oder auf einem staubfreien Gelände im Schatten auskühlen lassen. Es ist nicht empfehlenswert, die heißgeräucherten Fische gleich nach dem Räucherprozeß in den Kühlschrank zu geben, denn das würde auf jeden Fall Geschmacksverluste bedeuten. Abgekühlt ist der Fisch nach etwa zwei Stunden. Hat man bei größeren Mengen nicht genügend Haken zur Verfügung, können die Fische auch auf einem Gitterrost abgekühlt werden.

Wenn der »Fleischsaft« des Fisches geliert ist, gilt der Fisch als vollständig ausgekühlt.

Das Aufbewahren

Höchste Haltbarkeit und vor allem Schutz vor Gewichtsverlust wird mit einer Vakuumverpackung erreicht, was jedoch den Gebrauch einer Vakuumverpackungsmaschine voraussetzt. Lohnend ist eine solche Anschaffung aber wohl nur für Teichbesitzer. Doch auch ohne dieses Hilfsmittel läßt sich der Räucherfisch lagern.

Im Kühlschrank kann mit gutem Gewissen eine Lagerzeit von 1 bis 2 Wochen empfohlen werden, wenn eine ziemlich konstante Temperatur von nicht mehr als 3 °C garantiert ist. Der Fisch sollte aber davor einzeln in Alufolie verpackt sein.

Vor dem Essen kann man den Fisch nochmals leicht im Backrohr, auf Folie gelegt, anwärmen, um den Räuchergeschmack zu intensivieren. Zugleich erreicht man damit, daß sich der Fisch beim Essen leichter enthäuten bzw. entgräten läßt.

Einzeln in Plastiksäcke verpackt, lassen sich die Fische am schonendsten einfrieren und lagern.

Im Tiefkühlschrank hält sich der in Alufolie oder vakuumverpackte Fisch erfahrungsgemäß bis zu 3 Monate ohne größeren Geschmacksverlust. Das setzt Temperaturen von wenigstens −22°C voraus. Vor dem Einfrieren sollte das Gefriergut mit Verfallsdatum etikettiert werden. Das Auftauen geschieht am besten im Kühlschrank und dann bei Raumtemperatur. Wie bei der Aufbewahrung im Kühlschrank oder in der kühlen Vorratskammer sollte auch der gefrorene Fisch vor dem Verzehr leicht angewärmt serviert werden, um so den Eigengeschmack zu intensivieren.

Das paßt zum geräucherten Fisch

Zum Fisch aus dem Rauch paßt ganz gut Schwarzbrot und daneben ein Gläschen eisgekühlten Aquavits oder selbst Champagner. Wer geräucherte Forelle genießen will, sollte natürlich auch cremig geriebenen Meerrettich, beim Räucherlachs auch eine Senf-Kräuter-Soße nicht vergessen.

So appetitlich kann Geräuchertes aussehen, ob von Hähnchen, Poularde, Ente, Schwein oder Lamm. Das Elektrogerät der Firma Hosto ist vor allem für kleine Mengen geeignet.

Rezepte

Geräucherte Aale nach fränkischer Art

Die Aale werden getötet und mit trockenem Sand, Torf oder Zeitungspapier abgeschleimt. Danach werden sie vom After bis etwa 1 cm vor dem Unterkiefer aufgeschnitten und ausgenommen. Anschließend schlitzt man den Aal in Richtung Schwanzende nochmals 2 bis 3 cm, um den dort sitzenden Propfen zu entfernen.

Die Aale werden abgewaschen und stark eingesalzen. Auf 10 Pfund Aal kommt etwa 1 Pfund Salz. Nach etwa 40 Minuten werden die Aale unter fließendem Wasser abgespült, um vom Salz gelösten Schleim und das Salz selbst zu entfernen, weil sonst die Aale beim Räuchern leicht grau werden.

Besonders die Kiemenlöcher müssen gut ausgedrückt und ausgewaschen werden, da sich gerade hier stets eine Menge Schleim festsetzt.

Danach werden die Aale entweder vom Einschnitt am Unterkiefer her oder durch das Maul oder aber durch die Augen aufgespießt. Als zusätzliche Sicherheit können die Haken etwa 8 cm unter dem Kopf in die Rückengräte eingedrückt werden.

Während die Aale noch in der Luft abtrocknen, wird das Feuer im Ofen angezündet. Wenn das Holz hell brennt, werden die aufgespießten Aale von oben her in den Räucherschrank eingehängt und der Deckel aufgelegt.

Wenn sich die Bauchlappen von alleine weit öffnen und sich im Nacken kleine Querfältchen zeigen, ist das ein Zeichen, daß der Fisch gar ist (sicherer Anhaltspunkt).

Geräucherte Forelle (Südtirol)

Bach- wie Regenbogenforellen werden 24 Stunden lang in einer schwachen Lake aus Salz, Pfeffer, Wacholder und Dill eingebeizt.

Das Räuchern geschieht mit Heißräuchergeräten bei Temperaturen von 150 bis 180 °C etwa 15 bis 20 Minuten lang.

Als Zutaten zum Servieren empfiehlt sich Sahnemeerrettich, Toast und Butter auf Grünem Salat.

Bayerwaldforelle

Ob Bach- oder Regenbogenforelle, hier kann nichts schiefgehen. Portionsforellen mit einem Gewicht von 250 bis 300 g eignen sich am besten – ganz gleich, ob über dem Feuergraben, in der Räuchertonne oder im Räucherschrank geräuchert wird.

Viele Waldler schwören auf Glut und Rauch aus Feuer mit dem rötlichen Erlenholz. Wichtig und nicht zu vergessen: Forellen sollen nach zwölfstündigem Einlegen in die Lake gut abtropfen und am besten dann mit einem Küchentuch abgerieben werden.

Lake für etwa 15 Forellen
15 l Wasser
150 g Salz
2 Zitronen in Scheiben geschnitten
½ Teel. Pfeffer
1 Päckchen Fischgewürz (5 bis 10 g)
1 Päckchen Sauerbratengewürz
(reine Geschmackssache!)

Die Heißräucherung geschieht bei 150 bis 180 °C und sollte 20 Minuten in Anspruch nehmen.

Aufs Dach steigen muß man im wahrsten Sinne des Wortes, will man den Holzheizungskamin zum Einhängen von Räuchergut nützen.

Heiß-Trockengeräucherte Forellen nach Schweizer Art

Forellen ausnehmen, gut spülen. Trokkensalzen, das heißt rundum und in der Bauchhöhle gut einsalzen. Für 100 g Fisch etwa 5 bis 10 g Salz. In längliches Gefäß legen. Fische von 200 g 2 Stunden, von 300 g 2½ Stunden, von 400 g 3¼ Stunden in der entstehenden Lake liegen lassen.

Andere Möglichkeit: Naßsalzen. Dazu die Lake anrühren; 1,5 l Wasser für 1 kg Fischgewicht. 300 g Salz pro Liter Wasser bei einer Einlegezeit von 2 Stunden. 100 g Salz pro Liter Wasser bei einer Einlegezeit von 10 Stunden. Die eingelegten Fische müssen mit Lake überdeckt sein.

Waschen der gesalzenen Fische, sauber nachreinigen und abtrocknen. Fische anschließend trocknen lassen. Räucherzeit 1 bis 1 ½ Stunden. Die Fische sind gar, wenn das Fleisch an der herausgezogenen Rückenflosse weiß, also nicht mehr glasig ist. Fische hängend auskühlen lassen.

Heilbutt

Auch Heilbutt eignet sich zum Trockensalzen. Je 100 g Fisch nimmt man etwa

Der Mirella-Rauchthermat ist ein gut regelbares Kleingerät mit Thermostat und Zeitschaltuhr.

Frisch geräucherte Makrelenfilets. Die Gewürze werden vor dem Verzehr noch leicht abgeschabt.

5 g Salz. Fischgewürz dazugeben und, in zwei Finger dicke Scheiben geschnitten, heiß räuchern.

Bei einer Temperatur von 150 bis 180 °C im Heißräucherofen dauert dies etwa 25 Minuten.

Heißgeräucherte Miesmuscheln

Muscheln gut waschen und abbürsten. Auf das Tropfblech eines Heißräucherofens legen und mit Öl beträufeln. Salz, Pfeffer und Zwiebeln über die Muscheln geben und mit einer Tasse Weißwein begießen. 30 bis 50 Minuten bei 180 °C räuchern.

Karpfen

Zweierlei ist möglich, das eine jedoch nicht: einen großen Karpfen in einem Stück zu räuchern. Also empfiehlt es sich, den Fisch entweder, und das in der Regel, längs zu teilen, oder ihn in Rundstücke zu zerlegen. Anschließend sollen die Fischteile nochmals gesäubert und gewässert werden. Wer sich nicht mit einer 1 :10-Salzlake begnügen will, kann dem handelsüblichen Fischgewürz noch Knoblauch, Zwiebeln und Pfeffer beigeben. Das Einlegen sollte zwischen sechs und zwölf Stunden dauern. Es empfiehlt sich Heißräuchern bei Temperaturen

Ein Fest für jung und alt: Heißräuchern von Steckerlfischen im Grünen.

von 150 °C. Damit bekommt man den Fisch im Heißräucherofen in gut einer Stunde gar.

Räucherlachs

Die Zubereitung des »Königs der Räucherfische« ist eines der vielen Geheimnisse der großen Fischräucheranstalten. Zuerst wird der Lachs filetiert, so daß zwei Hälften ohne Gräten entstehen. Je nach Größe empfiehlt sich langes Trokkensalzen von zehn oder mehr Stunden (s. Seite 90). Manche Spezialisten ergänzen das grobe Salz noch mit etwas Zucker. Um den Eigengeschmack nicht zu beeinträchtigen, kann auf weitere Gewürze verzichtet werden. Beim Kalträuchern über mehrere Tage dürfen die Temperaturen 30 °C nicht übersteigen. Vorsicht auch bei extremen Außentemperaturen, wenn das Räucherhäuschen der Sonne ausgesetzt ist.

Makrelen

Die durch das Münchner Oktoberfest bekanntgewordene Spezialität des »Steckerlfisches«, einer am schrägstehenden Spieß gegrillten Makrele, kann auch im Räucherofen hergestellt werden. Nach dem Reinigen und Trocknen

der Makrelen werden diese innen und außen mit grobem Salz bestreut und hinter dem Kopf auf Räucherstäbe gespießt. Bei starkem Feuer mit Holzscheiten, welches mit Sägemehl abgedämpft werden kann, dauert der Grill- und Räuchervorgang ca. 30 bis 45 Minuten je nach Größe der Makrelen. Nachdem die Fische goldbraun und gar geworden sind, können sie nochmals nachgesalzen werden.

Heißgeräucherte Scholle oder Seezunge

Scholle oder Seezunge ausnehmen und in eine Lake aus 1 l Wasser, 2 Eßlöffeln Salz, einem Eßlöffel Zucker, 2 Eßlöffeln Essig einlegen. Innen und außen würzen, mit etwas Zitronensaft, Petersilie und gewürfelten Speckstreifen belegen. Auf den Flachrost legen. 15 bis 20 Minuten bei 150 °C räuchern.

Beizen statt Räuchern

Eine Alternative zum Räuchern ist das Beizen, für das sich besonders gut der Lachs eignet, der dann unter der Bezeichnung »Graved Lachs« im Handel erhältlich ist. Aber auch Forellen- und Makrelenfilets sind, richtig gebeizt, wirklich sehr delikat.

Graved Lachs

Die gesäuberten, ungehäuteten Lachsfilets werden mit einer Pinzette von den restlichen Gräten befreit und auf den Innenseiten mit einem Gemisch aus Salz und Zucker (Verhältnis 2:1) kräftig bestreut, eine Portion grober Pfeffer darf nicht fehlen. Man kann den Fisch mit einem Schuß Cognac beträufeln, bevor man ihn zum Schluß mit reichlich grob gehacktem Dill belegt.

Die so vorbereiteten Lachsfilets werden mit den Innenseiten aufeinandergelegt und fest in eine Folie gewickelt, daß die später entstehende Beize nicht auslaufen kann.

Der Fisch muß nun mit einem Brett und Gewicht beschwert zwei bis drei Tage an einem kühlen Ort, am besten im Kühlschrank, garen. Dabei sollte man ihn nach jeweils 12 Stunden wenden.

Die fertigen Filets werden, nachdem man die Gewürze weitgehend abgestreift hat, gegen die Haut in dünne Scheiben geschnitten.

Gebeizte Forellenfilets

Forellenfilets werden in gleicher Weise wie Lachs gebeizt, allerdings reichen zum Garen für den viel kleineren Fisch ein bis zwei Tage aus.

Gebeizte Makrelenfilets

Die vorbereiteten Makrelenfilets werden in ein schwaches Essigwasser (sechs Eßlöffel Weinessig auf 1½ l Wasser) eingelegt und acht Stunden kühl gestellt.

Schwarze Pfefferkörner, Korianderkörner, Wacholderbeeren und einige Pimentkörner werden im Mörser zerstoßen und die trocken getupften Filets damit bestreut. Darauf kommt reichlich grob gehackter Dill, den man leicht andrückt. Salz und Zucker werden, im Verhältnis 1:1 gemischt, darüber gestreut.

Die weitere Verarbeitung ist wie bei Lachs, die Garzeit beträgt jedoch nur noch 24 Stunden.

Besonders gut schmeckt die gebeizte Makrele mit Zwiebelringen zu kräftigem Landbrot.

Wenn auch bei den Fischen das Räuchern einmal gänzlich der Notwendigkeit der Haltbarmachung entsprang, so wird der Gourmet heutzutage den geräucherten Fisch vor allem wegen seiner geschmacklichen »Aufbesserung« bevorzugen. Und den höchsten Genuß kann man dem Fischeräuchern dann abgewinnen, wenn das Räuchergut direkt aus dem Räucherofen auf den Tisch kommt, denn dann geht wirklich kein Aroma verloren. Zugleich wird vermieden, daß der Fisch zu »strohig« genossen werden muß. Und auch die goldgelbe Farbe hat beim Frischgeräucherten ihren edelsten Glanz.

Verzeichnisse

Wo man Räuchern lernen kann

Angeschrieben wurden die Landwirtschaftsministerien bzw. die damit »verwandten« Landesbehörden der Bundesrepublik, Österreich und der Schweiz mit der Bitte um Mitteilung, ob von staatlichen Stellen – auch für den Hobby-Räucherfreund – Räucherkurse angeboten werden. Konkrete Angebote gibt es danach nur in Bayern und Nordrhein-Westfalen. Von den Landesanstalten für das Fischereiwesen werden in regelmäßigem Turnus in beiden Ländern Kurse über das Pökeln, Räuchern und Filetieren von Fischen gehalten.

Die Termine dafür lassen sich über nachfolgende Anschriften feststellen:

Bayerische Landesanstalt für Fischerei
Weilheimer Straße 8a
82319 Starnberg
Telefon 08151/2692-0

Landesanstalt für Fischerei von Nordrhein-Westfalen
Heinsberger Straße 53
57399 Kirchhunden-Albaum
Telefon 02723/7685

Fleischerinnung Düren
Schützenstraße 14
52351 Düren

Firma Kälte-Schich
Im Felde 17
27574 Bremerhaven
Telefon 0471/34014
(Empfehlung des Fischwirtschaftlichen Marketing-Instituts, Bremerhaven, Am Baggerloch 1)

Aus der Schweiz kam die Nachricht, daß es dort keine Institutionen gibt, die Lehrgänge zum Thema Räuchern anbieten. Spezielle Fragen aber beantwortet das Ausbildungszentrum für die Fleischwirtschaft ABZ, Schachenstrasse 43, Postfach 215, CH-3700 Spiez.

Kein Hinweis kam aus Österreich.

Informationen sind außerdem erhältlich bei:

Bundesverband der Deutschen Fleischwarenindustrie
Schedestraße 11
53113 Bonn

Deutscher Fleischer-Verband
Kennedyallee 53
60596 Frankfurt

Bund für Lebensmittelrecht und Lebensmittelkunde e.V.
Godesberger Allee 157
53175 Bonn

Bundesverband der Deutschen Fischindustrie und des Fischgroßhandels e.V.
Große Elbstraße 133
22767 Hamburg

Bezugsquellen für Räuchermittel, Rauchentwickler und Räucherhaken

AGK Apparatebau Kronawitter, Industriegelände, 94522 Wallersdorf:
Spezialunternehmen für Fischereibedarf, Universalräuchergeräte, umfangreiches Zubehörsortiment (auch Räuchermehl). Geräte in Standardausführung in Nirosta, speziell Aalräuchergeräte. AGK-Räuchergeräte für alle Ansprüche und Mengen, diverse Betriebsarten (Elektro, Gas, Holz).

Balzer, Spessartstraße, 36341 Lauterbach:
Universal-Räucherofen für 5 Portionsforellen, Räuchermehl: Emaillierte Räucherpfanne mit verchromtem Doppelrost und Fonduebrenner aus Edelstahl.

D.A.M. Helmuth Kuntze GmbH & Co. KG, 91709 Gunzenhausen:
Räuchergrill, zwei Rostesystem mit feuerfester Bodenplatte und Topfwanne aus Metall; Delikateß-Räuchermehl; kleines, handliches Gerät für Fischer, ideal für 4 bis 6 Fische.

Hans Grassl, Postfach 150, Waldhauserstraße 8, 83462 Berchtesgaden:
Kleinräuchergeräte, Aalräuchergeräte, Fisch-Räucherschrank, Heißlufträuchergeräte, elektr. Betrieb, Nirostaqualität, Aluminium, Fischbetäubungsgeräte, Allgas-Rauchöfen, Räucherhaken, Räuchermehl, umfangreiches Zubehörangebot.

Mirella-Räuchergeräte
HOSTO Eberhard Stolz GmbH & Co. KG, Postfach 1660, 57277 Neunkirchen:
Elektrische, patentierte Universal-Räuchergeräte in Edelstahl oder kunststoffbeschichtetem Gehäuse; kompakte Geräte zum vielseitigen Einsatz für Haushalt wie Gastronomie. Gewürze für Fisch und Fleisch (Wacholderräuchermehl), spezielle Roste.

W. Niedermeier, Landsberger Straße 356, 80687 München 21:
Super-Smoker de Luxe für Fisch, Wild; Räucherbehälter feinemailliert, Brennergestell mit Brennerschale schützt vor Wind, deshalb ideal für Camping, Jagd, Fischerei usw.; diverse Räuchermehlarten.

Rolf-D. Ossa, Hofacker 6, 57299 Burbach 4:
elektr. Druckkammer, Grill- und Räucherofen aus Edelstahl, spezielle Räuchermehlarten, z. B. Wildwacholdermehl, Fischfiletmesser.

VECO AG, Waldegg, CH-8810 Horgen:
Elektr. Räucheröfen für Fischer und Restaurants mit Fassungsvermögen bis 16 Fische, Räuchermehl, Edelholz, gewürzt.

Literaturverzeichnis

Allgemeine Fischerzeitung, (agf): Ausgabe Nr. 7, April 1984.

Bayrle, H. und Heintges, F.: Versorgung und Verwertung von Fisch. Heintges Lehr- und Lernsystem GmbH, Marktredwitz 1986.

Beck'sche Textausgaben Lebensmittelrecht. Bundesgesetze und Verordnungen über Lebensmittel und Bedarfsgegenstände. Verlag C. H. Beck, München, Ausgabe 1987.

Bräckle, I., Karch, B. und Schindler, I.: Fleisch, Wurst und Schinken verarbeitet und hausgemacht. BLV-Verlagsges.mbH., München 1985, 2. Aufl.

Eckert, A. und Eckert, G.: Selbst räuchern, Fische, Fleisch und Wurst, 100 Rezepte. ECON-Ratgeber. ECON-Verlag GmbH, Düsseldorf 1987.

Fink, H.: Südtiroler Küche. Tisch und Keller im Laufe der Jahrhunderte. Verlagsanstalt Athesia, Bozen 1980.

Heintges, F.: Räuchern von Angelfischen. Institut für moderne Lehr- und Lernmethodik, Marktredwitz o. J.

Fa. Hosto, E. Stolz GmbH, Neunkirchen. Rezepte und Tips für Genießer: Leitfaden für das elektrische Garen. Neunkirchen o. J.

Lebensmittelrecht Band 1: Die Fleischverordnung. Verlag C. H. Beck, München 1987.

Niedermeier, W.: Feinschmecker-Rezepte für Fisch, Fleisch und Wild im NDM-Super-Smoker. Selbstverlag, München o. J.

Oetkers Lexikon A–Z Lebensmittel und Ernährung. Ceres-Verlag Rudolf August Oetker KG, Bielefeld 1983, 2. Aufl.

Prändl, O. (Hrsg.): Fleisch. Technologie und Hygiene der Gewinnung und Verarbeitung. Verlag Eugen Ulmer, Stuttgart 1988.

Rehbronn, E. und Ruthkowski, R.: Das Räuchern von Fischen. Verlag Paul Parey, Hamburg/Berlin 1985.

Schmidt, K.-F.: Schinkenräuchern, das neue Hobby. Verlag Paul Parey, Hamburg/Berlin 1984.

Straub, E.: Die bäuerliche Hausschlachtung. Donau-Kurier, Ingolstadt o. J.

Tóth, L.: Chemie der Räucherung. Wissenschaftliche Arbeitspapiere. VCH-Verlagsgesellschaft mbH (vormals Verlag Chemie GmbH), Weinheim 1983.

Tria-Tritschler, Apparate- und Maschinenbau GmbH: Fisch- und Fleischräucherrezepte. Selbstverlag, Mömbris o. J.

Ullsteins Gourmet-Journal. Hamburg, Ausgabe Oktober 1981.

Wolff: Veterinär-Vorschriften. Verlag für Verwaltungsvorschriften Franz Rehm, München 1988.

Zedler, J. H.: Großes vollständiges Universal-Lexikon aller Wissenschaften und Künste. Unveränderter Nachdruck der Ausgabe Leipzig und Halle 1732–1750. Akademische Druck- und Verlagsanstalt, Graz 1961–1964.

Zipfel, W.: Kommentar zum Lebensmittelrecht. Verlag C. H. Beck, München 1983.

Bildquellen

Hosto, Eberhard Stolz GmbH, Neunkirchen-Altenseelbach: Titelfoto, Seite 110, 113
Dieter Kleinschrot, Weil im Schönbuch-Breitenstein: Seite 14, 86 (3), 87 (3), 114
Alle übrigen Fotos vom Verfasser
Zeichnungen: Joannis Selveris, Kernen, nach Vorlagen des Verfassers

Sachregister

Likörbereitung. Wissenswertes über Alkohol und alkoholische Getränke mit Rezeptbeispielen für die häusliche Zubereitung. Von → **H. George,** Weinstadt. 8. Aufl. 119 Seiten mit 20 Farbfotos und 59 Zeichnungen. Kt. → **DM 19,80.**

Wein aus eigenem Keller. Trauben-, Apfel- und Beerenweine. Von → **W. Vogel,** Köngen. 3., überarb. u. erw. Aufl. 155 Seiten, 21 Farbf., 33 Zeichnungen. Kst. → **DM 32,–.**

Bier aus eigenem Keller. Von → **W. Vogel,** Köngen. 2., überarb. Aufl. 146 Seiten mit 24 Farbf. u. 22 Zeichnungen. Kst. → **DM 36,–.**

Dörren. Früchte, Gemüse, Kräuter. Von → **A. Samwald,** Michelsneukirchen. 2. Aufl. 124 Seiten mit 57 Farbfotos und 18 Zeichn. Kt. → **DM 14,80** (Ulmer Tb, 22).

Heil- und Teepflanzen. Von → **G. Boros,** Zürich. 3. Auflage. 223 Seiten mit 104 Abbildungen. Kst. → **DM 28,–.**

Unsere Küchen- und Gewürzkräuter. Beschreibung, Anbau, Verwendung. Von → **G. Boros,** Zürich. 4. Aufl. 126 Seiten mit 64 Abb. Kst. → **DM 28,–.**

Der Kräutergarten. Heilpflanzen und Gewürzpflanzen aus eigenem Anbau. Von → **H. Fritzsche,** Freising. 128 Seiten mit 49 Farbfotos und 14 Zeichnungen. Kt. → **DM 14,80** (Ulmer Tb, 30).

Besondere Obstarten. Vom Reichtum seltener, südländischer und wildwachsender Früchte. Von → **K. Stoll** und **U. Gremminger**, CH-Wädenswil. 160 Seiten mit 29 Farbfotos und 80 Zeichnungen. Kt. → **DM 38,–.**

Das Kochbuch der Gärtnerin. Gesunde Ernährung aus dem eigenen Garten. Von → **B. Maltusch,** Weinheim. 2., neubearb. u. erw. Auflage. 201 Seiten, 28 Farbt., 36 Zeichnungen u. Pläne. Kst. → **DM 32,–.**

Schöne Fuchsien. Von → **G. Manthey,** Schwerte. 96 Seiten mit 81 Farbfotos u. 89 Zeichnungen. Kt. → **DM 19,80.**

Schöne Clematis. Kletterpflanzen für jeden Garten. Von → **A. Bärtels,** Göttingen. 96 Seiten mit 59 Farbfotos und 29 Zeichn. Kt. → **DM 19,80.**

Schöne Gartenrosen. Von → **H. Noack,** Sparrieshoop. 112 Seiten mit 71 Farbfotos und 17 Zeichnungen. Kt. → **DM 19,80.**

Schöne Orchideen. Von → **A. Bürger,** Köln. 96 Seiten mit 55 Farbfotos und 11 Zeichnungen. Kt. → **DM 19,80.**

Schöne Kakteen. Von → **Prof. Dr. G. Gröner** und **Dr. E. Götz,** Stuttgart. 96 Seiten mit 65 Farbfotos und 10 Zeichnungen. Kt. → **DM 19,80.**

Schöne Blütengehölze. Zierkirschen, Zieräpfel, Flieder und Magnolien. Von → **Dr. G. Pardatscher,** Wien. 99 Seiten mit 52 Farbfotos und 20 Zeichn. Kt. → **DM 19,80.**

Schöne Naturgärten. Wie sie entstehen. Von → **J. Kleeberg,** Berlin. 112 Seiten m. 59 Farbf., 4 Farbplänen und 17 Zeichnungen. Kt. → **DM 19,80.**

Schöne Gärten ohne Mühe. Von → **P. Wirth,** Leinfelden-Echterdingen. 96 Seiten mit 50 Farbfotos und 22 Zeichnungen. Kt. → **DM 19,80.**

Schöne Troggärten und bepflanzte Steine. Von → **Dr. h. c. F. Köhlein,** Bindlach. 100 Seiten mit 44 Farbfotos und 26 Zeichn. Kt. → **DM 19,80.**

Schöne Terrassen und Sitzplätze. Von → **T. Graeber,** Bernau, und **W. Betz-Schiel,** Straußdorf. 112 Seiten mit 66 Farbfotos und 34 Zeichnungen. Kt. → **DM 19,80.**

Schöne Gartenhäuser und Lauben. Von → **H. Köckert,** Kranzberg. 96 Seiten mit 50 Farbfotos und 60 Zeichnungen. Kt. → **DM 19,80.**

Prospekte kostenlos.
Erhältlich in Ihrer Buch(Fach)handlung oder beim **Verlag Eugen Ulmer**
Postfach 70 05 61, 7000 Stuttgart 70

E.U.
VERLAG
EUGEN
ULMER